Mokulys / Nawrocki

Miniramp Skateboard Book

Monster Verlag + Promotion Münster

Otto Tillmann, Backside Ollie Grab to Fakie

Vorwort

Das Miniramp-Fahren ist die jüngste Disziplin im Skaten. Die Miniramp, der kleine Bruder der Halfpipe, läßt es zu, daß auch ein Anfänger nach kurzer Zeit recht gut werden kann. Außerdem ist die Miniramp eine gute Vorbereitung für die Halfpipe. Profis benutzen die Miniramp, um neue Tricks darin zu üben, die sie nachher in der Halfpipe verwenden wollen. Die Möglichkeiten, die die Miniramp bietet, scheinen unerschöpflich zu sein. Das bezieht sich sowohl auf das fahrerische Können, als auch auf die Bauweise und Kontruktionsmöglichkeiten. Von einer doppelten Miniramp mit Spine oder einer doppelten mit Channel (Channel als Wellenbahn) und Wallramp, einer Miniramp mit angrenzendem Miniramp-Pool oder einem Miniramp-Park mit im wahrsten Sinne endlosen Fahrmöglichkeiten, sind der Phantasie keine Grenzen gesetzt, immer noch verrücktere Ideen zu praktizieren. Im Anhang dieses Buches findet sich eine Bauanleitung einer Miniramp, die als Anregung dienen soll. Der Preis einer Miniramp schwankt zwischen 200,-DM - 10.000,- DM, oder bei einem Miniramp-Park bis 100.000,- DM. Allein daraus ist ersichtlich, wie unerschöpflich die Möglichkeiten sind. Wenn Ihr gar nicht weiter wißt, wendet Euch doch bitte ans Monster Skateboard Magazin in der Friedrich Ebert Str. 15 in 4400 Münster (nur schriftlich!).

Anhand von Fotoserien werden hier Tricks aller Art erklärt. Um gut zu werden, brauchst Du viel Übung, Geschick, Ausdauer und oft auch Überwindung. Denke daran, daß nur Geduld zum Erfolg führt - nicht Hast und Unruhe. Denke über jeden Trick nach, denn nicht nur Dein Körper, sondern auch Dein Kopf muß ihn verstehen lernen.
Ich hoffe, Ihr habt viel Spaß mit diesem Buch.

Das Skateboard

Qualitätsdecks bestehen aus sieben verleimten Schichten kanadischen Bergahorns (7-Ply). Dieses Material ist ideal, da es aufgrund der im Norden langsam wachsenden Hölzer eine sehr hohe Eigenhärte hat und dennoch relativ leicht und flexibel ist. Ein 7-fach verleimtes Deck sollte grundsätzlich 5 Holz-Lagen mit der Maserung in Längsrichtung und 2 Holz-Lagen (die 3. und 5.) mit der Maserung in Querrichtung haben. Die 5 Schichten mit der Längsmaserung geben dem Brett die Stabilität gegen Querbrüche, die querverleimten Hölzer sollten das Brett gegen Längsrisse schützen. Die Gefahr eines Längsbruchs ist aufgrund der normalen Fußstellung beim Skaten nicht so groß, so daß 2 Schichten für die Stabilität ausreichen.

Es gibt mehrere 100 verschiedene Decks auf dem Markt. Jedes Deck läßt sich prinzipiell zum Miniramp skaten benutzen. Achtet beim Kauf weniger auf das Design, sondern mehr auf die Form und Größe. Schließlich sollt ihr darauf fahren, und es nicht zur Schau stellen.

Zum Shape, der Form: der hintere Teil, das Tail oder Kicktail, ist hochgebogen und macht das Skateboard steuerbar. Die Nose, der vordere Teil des Decks ist schmaler, kürzer und ebenfalls bei fast jedem Deck hochgebogen. Ein wichtiger Faktor, der Qualitätsdecks von anderen Boards unterscheidet, ist das Concave; die Wölbung des Decks, die dem Fuß sicheren Halt gewährt.

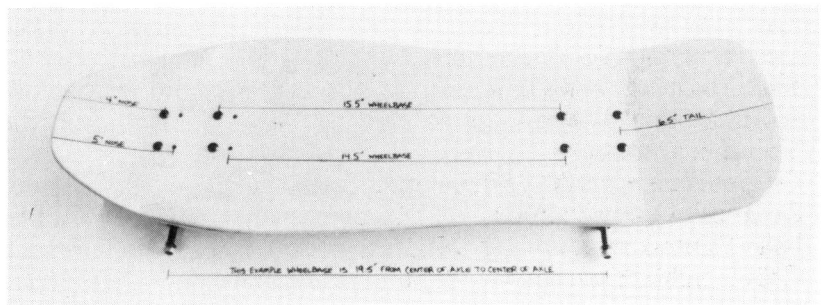

Die Kriterien, die das Fahrverhalten eines Skateboards maßgeblich beeinflussen: Noselänge, Radstand, Taillänge.

Die Achsen

"Marken"-Achsen werden aus hochwertigem Aluminium herge-stellt, das danach zum Teil poliert oder lackiert wird. Sie werden gegossen unter Verwendung eines Sand-, Spritz- oder Permanent-gußverfahrens. Sobald Du einigermaßen gut Miniramp fahren kannst, solltest Du "Marken"-Achsen vorzie-hen, da Dir bei Billigachsen leicht der Hanger (Achsge-häuse) brechen kann. Für die Miniramp verwendet man im allgemeinen Ach-sen mit der Bezeichnung z.B 200 mm (8") oder 225 mm (9"). Trucks bestehen aus

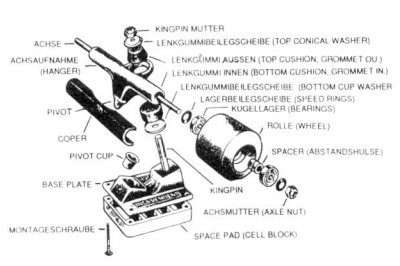

dem Hanger (dem Achsgehäuse) und der Baseplate (Grundplatte): der Hanger steckt in der Baseplate.

Die Stabilität und Wendigkeit der Achse hängt davon ab, wie der "Kingpin", der Befestigungsbolzen, in der Baseplate sitzt und in welchem Winkel der Pivot des Hangers in der Baseplate sitzt. Dieses Dreiecks-verhältnis und der damit ver-bundene Wende-kreis wird als "Ach-sengeome-

trie" bezeichnet. Durch Anziehen oder Lockern der Mutter auf dem Kingpin ist die Achse weniger oder mehr beweglich. Diese wird auch weitgehend durch die Härtegrade der Lenkgummis: weich = hohe Beweglichkeit; hart = unbeweglicher, aber auch mehr Stabilität, beeinflußt.

Die Rollen

Sprechen wir die verschiedenen Kriterien für die Wahl der Rollen nur kurz an:

1.) Durchmesser: Eine große Rolle erreicht höhere Geschwindigkeiten und läuft leichter über Unebenheiten, ein Rad mit kleinem Durchmesser beschleunigt schneller, ist wendiger und natürlich leichter.

2.) Lauffläche: Rollen mit schmaler Lauffläche sind schneller, da weniger Reibungswiderstand, breite Räder haften besser.

3.) Elastizitätsfaktor: er wird leider von den Herstellern nie angegeben, ist aber ein wichtiges Qualitätskriterium; je elastischer eine Rolle ist, um so schneller ist sie und um so besser ist die Haftung.

4.) Härtegrad: Die Härte wird in A gemessen - augenblicklich in einem Bereich von 78 A bis 101 A, wobei die Härte mit der Höhe der Zahl ansteigt. Harte Rollen (mehr als 95 A) sind auf glattem, hartem Boden grundsätzlich schneller als weiche Rollen (weniger als 85 A) gleicher Qualität und Größe. Auf rauhem Boden wie Pflaster und Asphalt schluckt eine weiche Rolle die Unebenheiten besser und hat auch die bessere Haftung. Mit einem harten Wheel kannst du dagegen besser sliden. Es empfiehlt sich für Rampen, da diese meist glatt sind, härtere Räder zu benutzen.

Nose- und Tailbone

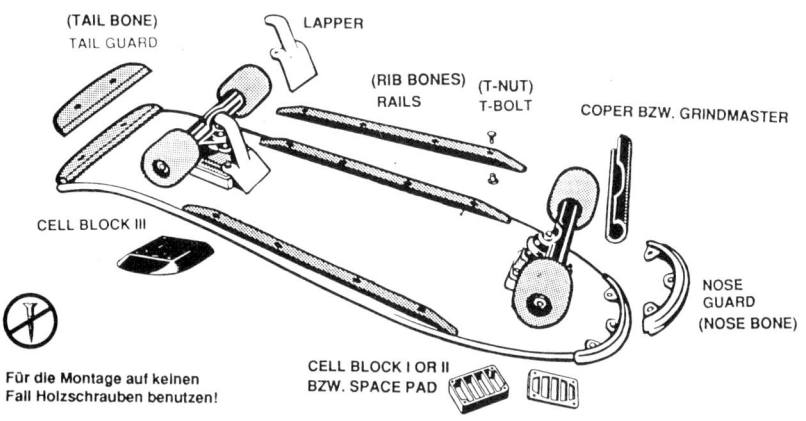

(TAIL BONE) — TAIL GUARD

LAPPER

(RIB BONES) RAILS — (T-NUT) T-BOLT

COPER BZW. GRINDMASTER

CELL BLOCK III

NOSE GUARD (NOSE BONE)

Für die Montage auf keinen Fall Holzschrauben benutzen!

CELL BLOCK I OR II BZW. SPACE PAD

Einige Skater finden es störend, Nosebone und (oder) Tailbone in einer Miniramp zu benutzen. Bei dem einen oder anderen Trick ist das sicher richtig.

Doch muß gesagt werden: ohne Nose und Tailbone erlischt bei Bruch oder Splitterung die Garantie des Decks.

In diesem Buch hat fast kein Skater einen Nose- oder Tailbone an seinem Deck. Trotzdem solltet Ihr Euch nicht danach richten, denn ein neues Deck kostet Geld. Es geht auch gut mit Nose- und Tailbone. Denkt daran, daß dieses Zubehör nur mit T-Nuts montiert werden darf. Griffleisten gehören übrigens auch zur Standard-Ausrüstung eines Decks.

Schutzausrüstung

Auch in der Miniramp sollte man nur mit kompletter Schutzausrüstung fahren.

Dazu gehören: Knieschoner, Ellenbogenschoner, Helm, Handgelenkschützer sowie hohe Sportschuhe.

In diesem Buch sind einige Skater abgebildet, die keine Schoner tragen, es sind jedoch erfahrene Skater, die das, was sie Euch zeigen, quasi im Schlaf beherrschen. Wenn er neue Tricks versucht, zieht jeder Profi seine komplette Schutzausrüstung an, denn das Risiko, seine Knochen, bei einen unvermuteten Slam (Sturz) brechen zu können ist auch ihnen zu groß. Laßt Euch nicht irritieren, durch die Bilder zieht Schoner an. Wenn Du stürzt, wirst Du wissen, wozu Schoner gut sind. Verletzungen sind zwar auch mit Schonern nicht ausgeschlossen, aber das Risiko ist wesentlich geringer. Du willst ja schließlich auch morgen noch skaten, oder?

Gerade bei einem Hang-up, der sicherlich jedem Miniramp-Skater schon 'mal passiert ist, geht es mit Schonern glimpflicher aus.

Aufwärmen

Richtiges Aufwärmen ist wichtig, denn ein gedehnter Muskel kann besser arbeiten - außerdem kann man sich ansonsten schnell eine Muskelverletzung zuziehen. Ebenso wichtig ist es, mit einfachen Tricks anzufangen und sich dann langsam über schwierigere zu den neuen Tricks zu steigern.

Stretching

Setze Dich auf den Boden. Spreize die Beine und strecke sie durch, greife abwechselnd den rechten und den linken Fuß und ziehe den Oberkörper nach vorn. Wenn Du es richtig machst, spürst Du ein leichtes Ziehen in den Kniekehlen.

Stelle die Spitze des Fußes auf eine Erhöhung (z. B. auf Dein Skateboard), erst das eine, dann das andere Bein. Dann strecke das Bein durch, lehne Dich etwas nach vorne. Jetzt müßtest Du ein leichtes Ziehen in den Waden spüren.

Anfänger-Tip

Anfänger sollten, bevor sie Miniramp fahren wollen, erst einmal auf die Straße gehen (mit Straße ist gemeint: dort, wo keine Autos fahren oder Fußgänger gehen) und üben. Das Streetstyle Book Teil I kann dir dabei helfen. Wenn du am Anfang sicher skaten kannst, dann fang an, Miniramp zu fahren. Erst mal nur hin und her pushen, dann Kickturns (Frontside und Backside. Danach fang mit den ersten Tricks in diesem Buch an.

Für den Anfang reicht Dir vielleicht ein Komplettboard. Später solltest Du jedoch auf jeden Fall auf die stabileren Profi-Boards zurückgreifen.

Griffe

Backside
(Backside-Drehung)

Frontside
(Frontside-Drehung)

Indy
(Backside-Drehung)

Lien
(Frontside-Drehung)

Mute
(Backside-Drehung)

Slap
(Frontside-Drehung)

Stalefish
(Fs- oder Bs-Drehung)

Crail
(Fs- oder Bs-Drehung)

Basics

Truck

One Truck

Nose Picker

Smith

Rock'n Roll

Tail Stall

Nose Stall

Beispiele für Miniramps

Anfänger-Miniramp in Mike McGills Skatepark (Carlsbad, CA)

Miniramp mit Metallgerüst, leicht auf- und abzubauen
(Titus, Münster)

Miniramp mit Extension (Bielefeld)

Powell-Peraltas transportable Beton-Hydraulik-Miniramp, Auf-
oder Abbauzeit ca. 10 Min.

Miniramp Park, (mehrere Miniramps)
Kombiniert mit Wellenbahn und Wallramp, Skatehouse Essen

Miniramps

Danny Ways Miniramp (Fallbrook, CA)

Mike McGills Skatepark

Miniramps

Miniramps

Mike McGills Skatepark

Bei Diane und Primo Desiderio steht im Garten ein Miniramp-Paradies. Der Top-Freestyler Primo baute alles selbst. (San Diego, CA)

Miniramps

Miniramp-Skatepark (Pipeline, Osnabrück)

Sam Cunninghams Miniramp
(Tracker, Oceanside, CA)
Blockhead-Rampe

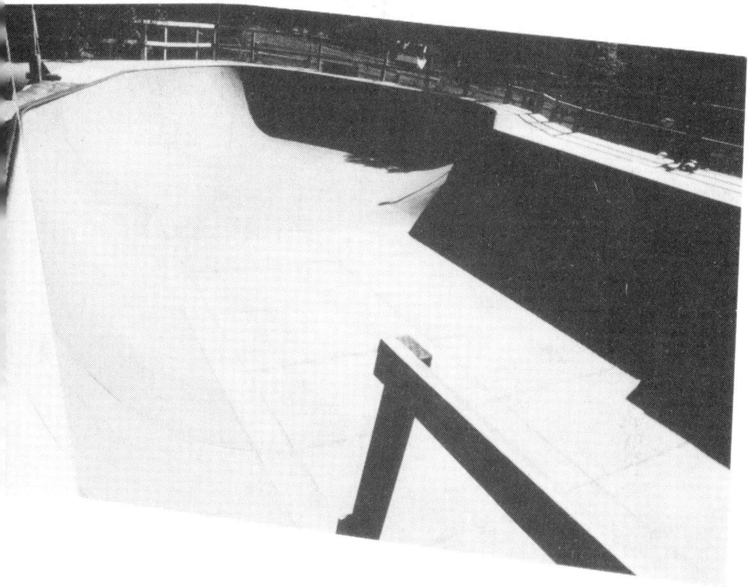

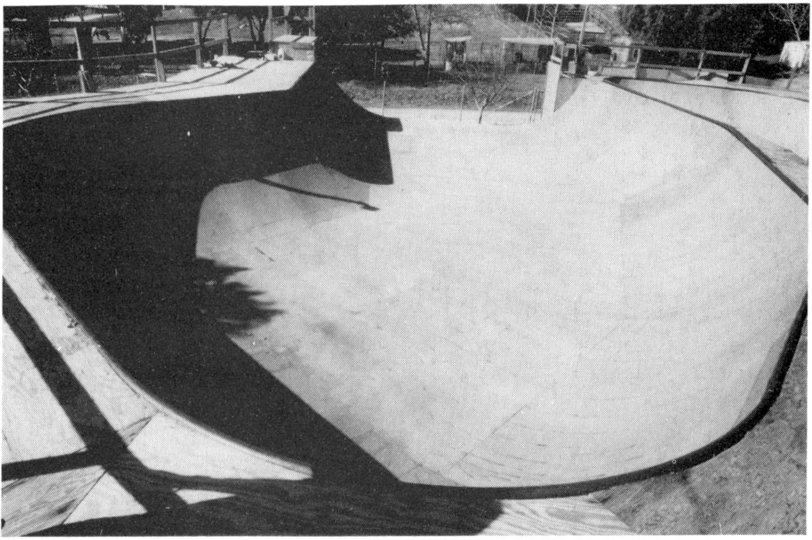

Bryan Ridgeway, Tracker Team-Captain

Basics ("Grundtricks")

Tail-Stall ——————————————— 34
Axle-Stall ——————————————— 36
One-Truck ——————————————— 38
Rock'n Roll ——————————————— 40
Rock'n Roll to Fakie ——————————— 42
Frontside Rock'n Roll ————————— 46
Frontside Grind ——————————— 48

Tail-Stall

Fahre die Transition rückwärts hoch, drücke auf das Tail und lehne Dich etwas nach hinten. Dann fährst Du mit einem Drop in wieder in die Rampe.
Voraussetzung:
Neben dem Drop in solltest Du auch Kickturns sicher können.

3

4

Axle-Stall

Wichtig bei diesem Trick ist, daß Du Dein Gewicht beim Rausfahren über die Plattform verlagerst.

38

One-Truck

Fahre aus der Transition heraus wie bei einem Axle-Stall und balanciere Dein Gewicht auf der hinteren Achse. Fahre dann ohne Aufsetzen der Vorderachse wieder in die Rampe.

Rock'n Roll _____

1. + 2.) Fahre die Transition hoch und hebe durch Druck auf das Tail die vordere Achse an.
3.) Drücke das Board mit dem vorderen Fuß auf die Plattform ...
4. + 5.) ... und drehe Dich dann auf den hinteren Rollen um 180°.

Rock'n Roll to Fakie

1. + 2.) Beim Hochfahren der Transition hebe die vordere Achse durch Druck auf das Tail an.

3.) Mit dem vorderen Fuß drückst Du dann das Board auf die Plattform.

4. + 5.) Achte darauf, daß Du die Vorderachse beim 'Reinfahren weit genug anhebst - sonst machst Du einen Hang-up.

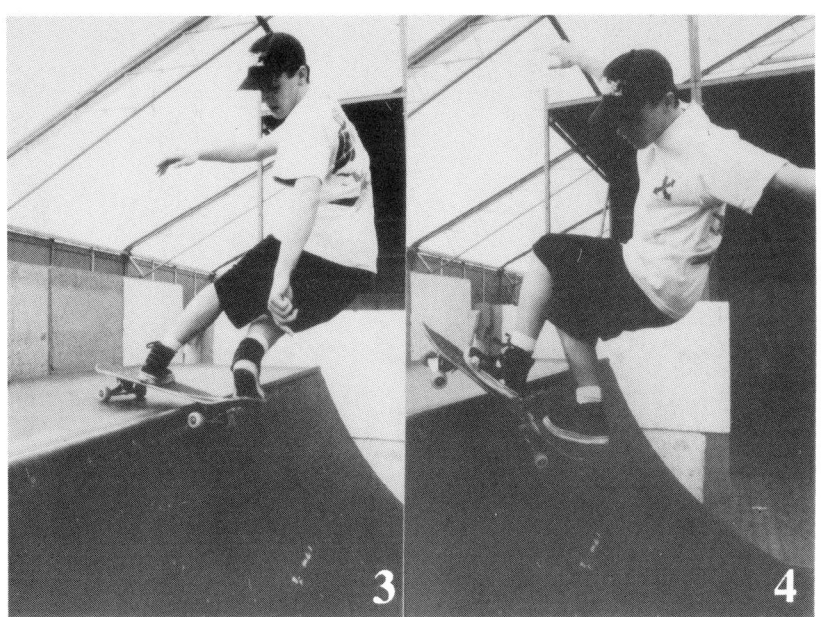

Frontside Rock'n Roll

1.) Die Transition hochfahren
2.) Durch Druck auf das Tail die Vorderachse anheben.
3.) Mit dem vorderen Fuß das Board kurz auf die Plattform drücken, dabei den Oberkörper Frontside drehen.
4. + 5.) Beim Hereinfahren schnell das Board um 180° Grad frontside drehen.

Fakie Rock'n Roll

1. + 2.) Beim Hochfahren an der Transition hebe durch Druck auf die Nose das Tail an.

3.) Setze die hintere Achse auf die Plattform.

4. + 5.) Achte darauf, daß Du beim Hereinfahren stark genug auf die Nose drückst, sonst machst Du einen Hang up.

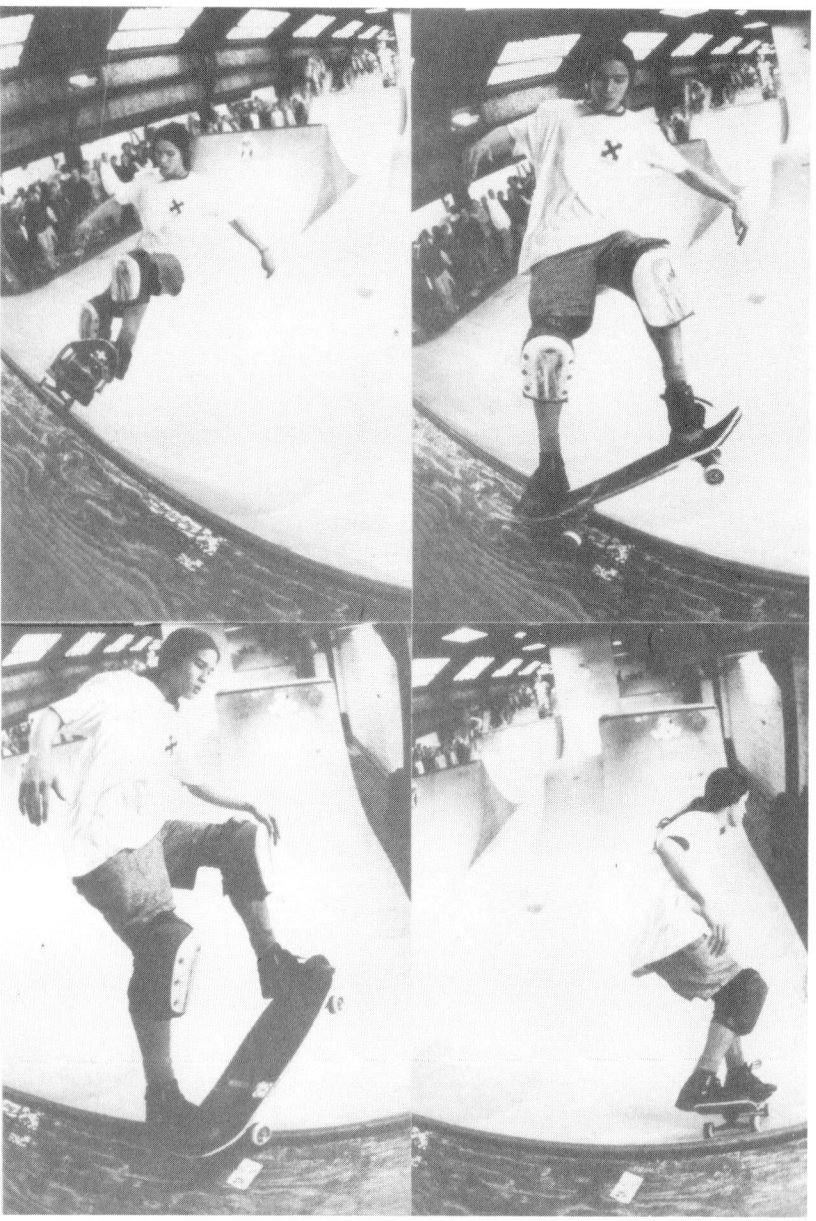

Frontside Grind

Fahre die Transition hoch. Sobald Du mit der hinteren Achse auf dem Coping bist, grinde. Lehne Dich dabei leicht in die Transition.'Wenn Du langsamer wirst, lehne Dich noch etwas weiter nach vorn und fahre dann wieder hinein.

Omar Hassan, Air to Fakie

Tricks in der einfachen Miniramp

Fakie Foot-Impossible-Sweeper _ _ _ _ _ _ _ _ 52
Joga _ _ _ _ _ _ _ _ _ _ _ _ _ _ _ _ _ _ 54
Frontside Air _ _ _ _ _ _ _ _ _ _ _ _ _ _ _ 56
Backside Air to Axle-Stall _ _ _ _ _ _ _ _ _ 58
Pivot Rock'n Roll to Fakie _ _ _ _ _ _ _ _ _ 60
Ollie to Rock'n Roll to Fakie _ _ _ _ _ _ _ _ 62
Rock'n Roll to Boardslide _ _ _ _ _ _ _ _ _ 64
One-Truck to Tail _ _ _ _ _ _ _ _ _ _ _ _ 68
Shuffle Rock'n Roll _ _ _ _ _ _ _ _ _ _ _ _ 70
Feeble to Fakie _ _ _ _ _ _ _ _ _ _ _ _ _ 72
Feeble Grind to Fakie _ _ _ _ _ _ _ _ _ _ _ 74
Fakie Ollie to Smith-Stop _ _ _ _ _ _ _ _ _ 76
One-Truck Grind to Fakie _ _ _ _ _ _ _ _ 80
Ollie to Tail _ _ _ _ _ _ _ _ _ _ _ _ _ _ 82
One-Truck to Tail revert _ _ _ _ _ _ _ _ _ 85
Nose-Stall _ _ _ _ _ _ _ _ _ _ _ _ _ _ _ _ 90
Nose-Stall Revert_ _ _ _ _ _ _ _ _ _ _ _ _ 92
Ice-Plant to Fakie _ _ _ _ _ _ _ _ _ _ _ _ 94
Nose-Picker to Fakie _ _ _ _ _ _ _ _ _ _ _100
New Deal _ _ _ _ _ _ _ _ _ _ _ _ _ _ _ _102
Rock'n Roll to Feeble to Fakie _ _ _ _ _ _ _104
Lipslide to revert _ _ _ _ _ _ _ _ _ _ _ _ _108
Ollie to Lipslide Revert _ _ _ _ _ _ _ _ _ _110
Frontside Ollie to Disaster _ _ _ _ _ _ _ _ _112
Ollie-Blunt _ _ _ _ _ _ _ _ _ _ _ _ _ _ _115
Fakie Smith-Stop to Disaster to Smith-Stop _ _118
Tail-Stall to Disaster _ _ _ _ _ _ _ _ _ _ _120
Tail-Stall to Rock'n Roll to Fakie _ _ _ _ _ _122
Fakie Frontside Pivot to Fakie _ _ _ _ _ _ _124
Three sixty Frontside Pivot _ _ _ _ _ _ _ _ _130
Ollie 'Grab' _ _ _ _ _ _ _ _ _ _ _ _ _ _ _132

Fakie Foot-Impossible-Sweeper

Joga

Frontside - Air

1.) Fahre die Transition mit hoher Geschwindigkeit hoch

2.) Fasse das Board an

3.) und ziehe es dann zum Körper hin, dabei beginne mit einer 180° Drehung.

4.) Lasse das Board los und lande.

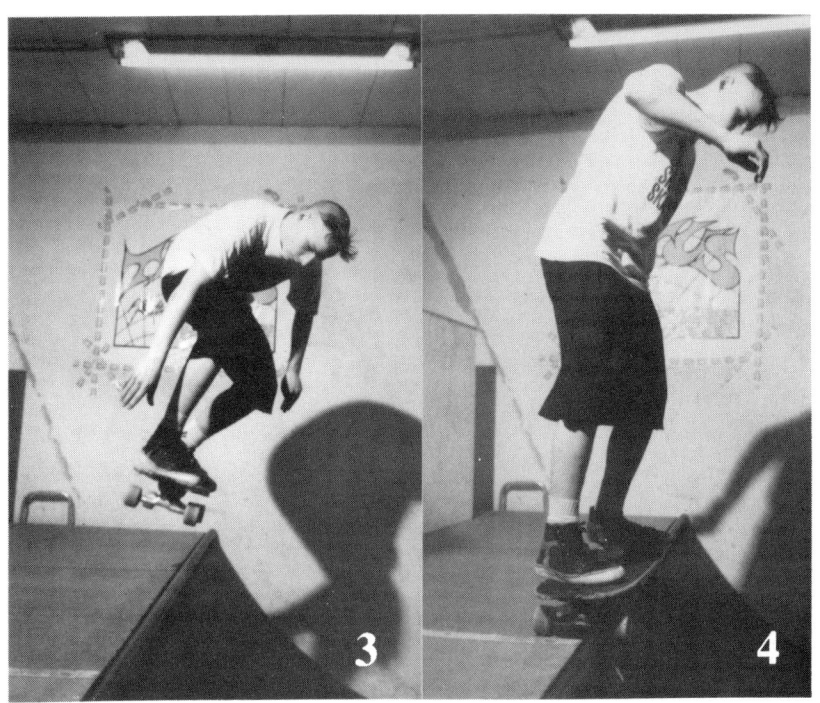

Backside Air to Axle-Stall

Ziehe das Board am Ende der Transition mit der Hand
hoch und springe to Axle-Stall. Achte darauf, daß Du
Dein Gewicht über die Plattform verlagerst.
Vorsicht! Treffe immer das Coping!

Pivot Rock'n Roll to Fakie

Wichtig bei diesem Trick ist, daß Du Dein Gewicht in die Rampe verlagerst und daß Du nur die Beine drehst, der Oberkörper sich dabei aber nicht mitdreht.

Ollie to Rock'n Roll to Fakie

Fahre die Transition hoch, springe früh mit einem Ollie ab, strecke kurz vor der Landung den vorderen Fuß, lande to Rock'n Roll und fahre wieder hinein.

Rock'n Roll Board-Slide

Rock'n Roll Board-Slide

1.+ 2.) Fahre die Tansition etwas schräg hoch durch Druck auf das Tail und hebe die vordere Achse an.

3. + 4.) Drücke das Board mit dem vorderen Fuß auf die Plattform, verlagere dabei Dein Gewicht genau über Dein Board,

5.) rutsche dann am Coping entlang, (pass auf, daß Dir das Board nicht wegrutscht)

6.) verlagere dann Dein Gewicht wieder in die Transition ....

7. + 8.) und drehe Dich zugleich auf den hinteren Rollen um 180°.

Ray Barbee

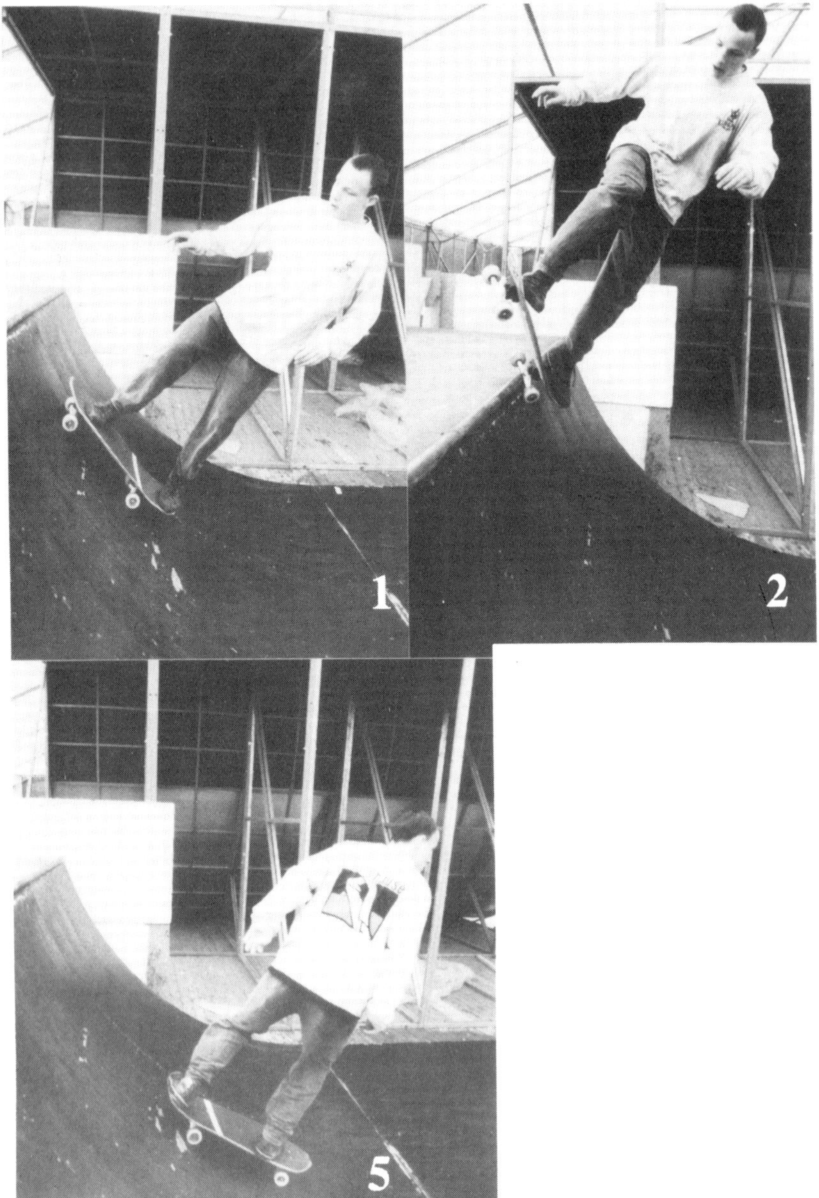

One Trucker to Tail

Beginne wie beim One-Trucker und drehe Dich dann so weit, bis Du "to Tail" stehst. Verlagere dabei Dein Gewicht weit genug auf die Plattform.

Shuffle Rock'n Roll

Beginne wie beim Rock'n Roll, drehe den Körper jedoch nicht mit und slide nach ca. einer 90°-Drehung zurück und fahre rückwärts weiter.

Feeble to Fakie

Wichtig bei diesem Trick ist, daß Du das Board beim Heraus- und Hereinfahren mit den Zehenspitzen schräg drückst. Der Trick ist mit einem Rock'n Roll to Fakie vergleichbar.

Feeble Grind to Fakie

Wichtig bei diesem Trick ist, daß Du beim Grinden das Board weit genug nach vorne drückst, damit Du mit der hinteren Achse nicht abrutschst.

Fakie Ollie to Smith-Stop

Fakie Ollie to Smith-Stop

1.) Fahre schnell die Transition hoch,

2.) drücke die hinteren Rollen fest gegen das Coping. Drehe Dich in der Luft um 90°,

3.) strecke kurz vor der Landung den vorderen Fuß und lande to Smith-Stop.

4. + 5.) Fahre hinein.

Omar Hassan, Ollie to Fakie

One Trucker Grind to Fakie

Fahre etwas schräg aus der Transition heraus und balanciere Dein Gewicht auf der hinteren Achse. Grinde am Coping entlang. Sobald Du merkst, daß Du es nicht weiter schaffst, fahre wieder hinein. In diesem Fall to Fakie, was den Schwierigkeitsgrad noch erhöht.

Ollie to Tail

83

Ollie to Tail

1. + 2.) Fahre die Transition etwas schneller hoch.
3.) Springe kurz vor dem Coping mit einem Ollie ab und beginne....
4.) mit einer 180° Grad Drehung. Kurz vor der Landung den hinteren Fuß kurz strecken....
5.) und to Tail landen,
6. + 7.) direkt weiter fahren.

One Trucker to Tail Revert

Wichtig bei diesem Trick ist, daß Du Dich, wenn Du
to Tail stehst, direkt weiterdrehst to Revert.
(Fotosequenz s. S.86)

One Trucker to Tail Revert

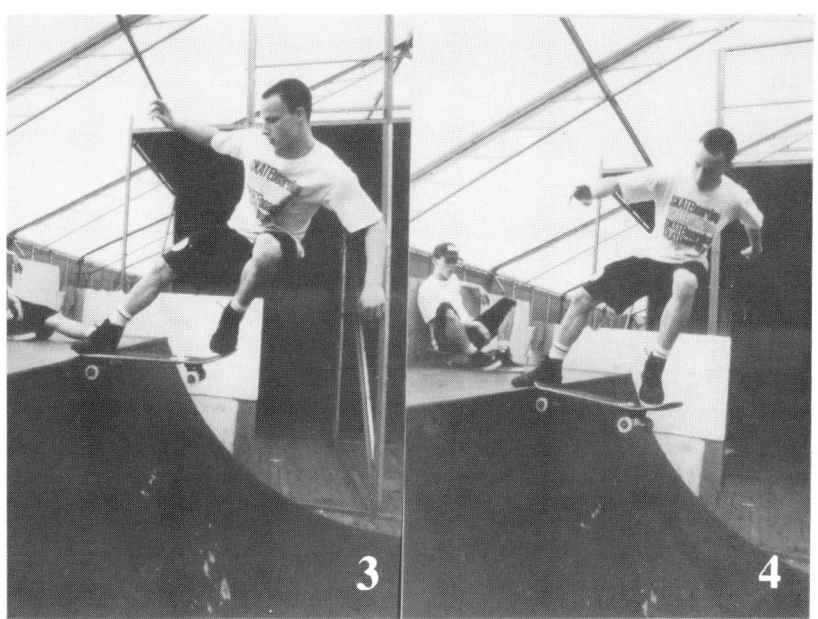

Nose-Stall

Stell Dir einfach vor, Du würdest anders herum auf dem Brett stehen. (Goofy statt Regular oder Regular statt Goofy Foot) und würdest einen Tail-Stall machen. Es kann Probleme geben, falls die Nose zu kurz ist.

90

Nose-Stall Revert

Achte bei dem Trick darauf, daß Du Dich schnell genug herumdrehst und nicht vom Board rutschst.

91

Ollie Nose-Stall

Beginne mit dem Ollie schon ungefähr in der Mitte der Transition, stelle in der Luft den Fuß auf die Nose, strecke den vorderen Fuß und drücke dadurch die Nose gegen das Coping, lehne Dich schnell wieder nach hinten und fahre dann wieder hinunter.

Ice-Plant to Fakie ———————

1. + 2.) Fahre die Transition hoch.
3. + 4.) Stelle den vorderen Fuß auf das Coping und fasse das Board gleichzeitig an.
5. + 6.) Springe dann rückwärts wieder hinein und lehne Dich dabei stark nach hinten.

96

Nose-Picker to Fakie

Nose-Picker to Fakie

Wichtig bei diesem Trick ist, daß nur die Beine und das Board gedreht werden und der Oberkörper kaum mitdreht.
(Fotosequenz s. S. 96/97)

Claus Grabke

New-Deal

Wichtig bei diesem Trick ist, daß Du weit genug auf den vorderen Rollen die Transition hinunterfährst, um einen "Hang-up" zu vermeiden.

102

Nose Ollie to One-Trucker

Fahre die Transition hoch. Kurz bevor die vordere Achse das Coping berührt, das Gewicht auf den vorderen Fuß verlagern und die vorderen Rollen gegen das Coping drücken. Und dann das Gewicht auf den hinteren Fuß verlagern und um 90° drehen. Die hintere Achse gegen das Coping drücken, kurz auf der hinteren Achse stehenbleiben und dann wieder hineinfahren.

Rock'n Roll to Feeble to Fakie

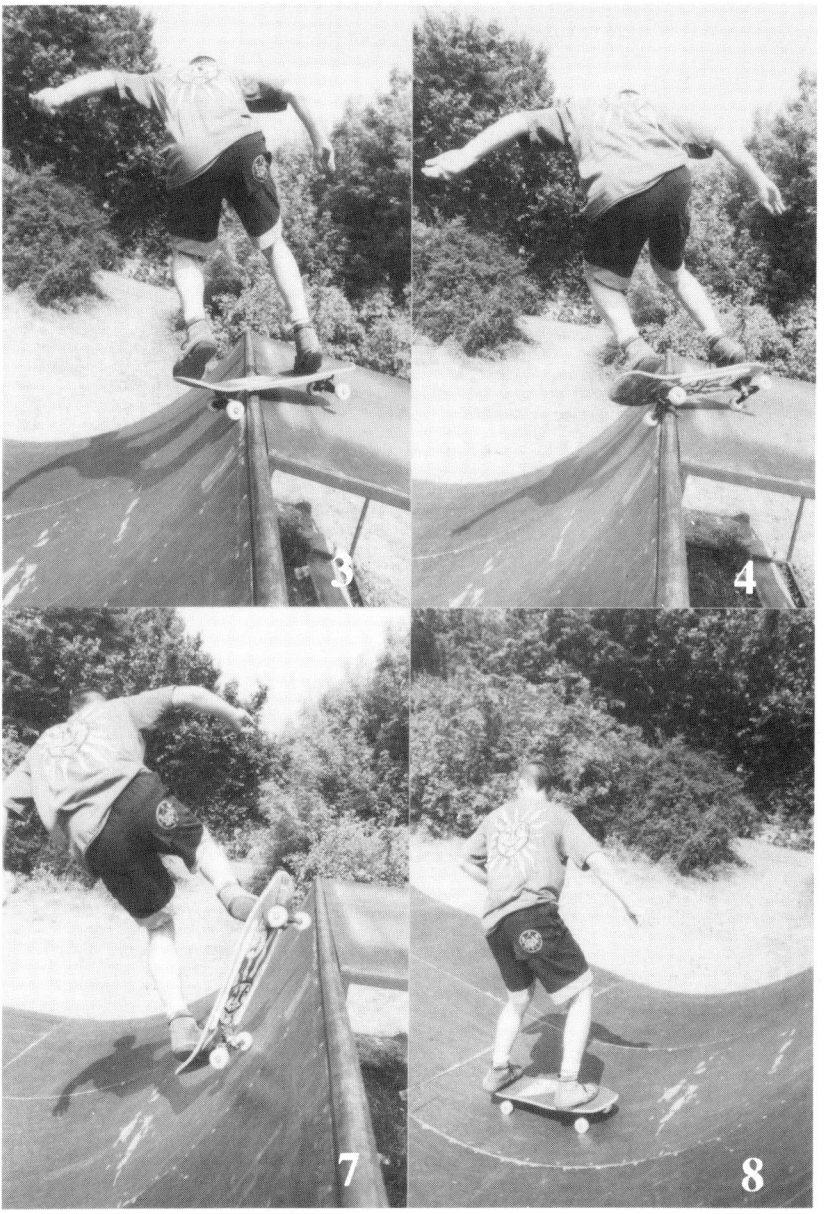

Rock'n Roll to Feeble to Fakie

1. + 2.) Beginne wie beim Rock'n Roll.
3.) Wenn die Griffleisten das Coping berühren.
4.) Füße nach vorne und dadurch das Board zur Seite drücken.
5. - 8.) Hineinfahren wie beim Feeble to Fakie
(Fotosequenz s. S. 104/105)

Lipslide to Reverte

1. + 2.) Verlagere kurz vor Berühren des Copings
Dein Gewicht auf den vorderen Fuß.
3.) und drehe Dich auf den vorderen Rollen to Lipslide.
4.) rutschen, dabei das Gewicht gleichmäßig verlagern
5.) verlagere wieder Dein Gewicht auf den vorderen
Fuß
6. - 8.) und drehe Dich auf den vorderen Rollen um
180°.
(Fotosequenz s. S. 108/109)

Lipslide to Revert

Ollie to Lipslide Revert

1. + 2.) Fahre schräg an und beginne wie beim Ollie to Disaster.
3. - 5.) Rutsche übers Coping, wenn Du nicht mehr schnell genug rutschst, lehne Dich in die Transition und drehe Dich um 180° über die vorderen Rollen hinein.

111

Frontside Ollie to Disaster

Trickbeschreibung s. S. 114

Frontside Ollie to Disaster

1.) Fahre die Transition hoch,
2. + 3.) mache einen 180° Ollie und strecke den hinteren Fuß ganz aus.
4.) Dabei verlagere Dein Gewicht auf die Plattform
5.-7.) und fahre wie beim Fakie Rock'n Roll wieder hinein.

Ollie-Blunt

1. + 2.) Hebe die Vorderachse an und fahre dann höher, bis Du im Blunt stehst. (Tail auf dem Coping),
3. + 4.) mache dann eine Art Ollie, das heißt, lehne Dich einen Moment nach vorn,
5.) dann mit Schwung in die Transition hinein.
6.+ 7.) Achte darauf, daß Du genau über Deinem Board stehst.

Ollie-Blunt

Trickbeschreibung
s. S. 115

Fakie Smith-Stop to Disaster to Smith-Stop

Beginne wie beim Smith-Stop. Drücke dann das Board mit dem hinteren Fuß to Disaster und drehe es dann wieder to Smith-Stop.

Tail-Stall to Disaster

Tail-Stall to Disaster

1.) Fahre die Transition hoch.
2.) Kurz vor dem Coping den hinteren Fuß stärker belasten,
3.) und to Tail stellen.
4.) Aus diesem Schwung heraus eine Art Ollie machen,
5.) und dabei sehr weit nach hinten springen; to Disaster landen.
6.) Dann lehne Dich weit nach vorn
7.) und weiterfahren.

Fotosequenz s. S. 120/121

Stephan Kast, Frontside Rock`n Roll

124

Tail-Stall to Rock'n Roll to Fakie

Wichtig bei diesem Trick ist, daß Du nach der Berührung mit dem Tail am Coping Dich und das Board um 180° olliemäßig drehst und to Rock'n Roll landest.

Fakie Frontside Pivot to Fakie

Achte bei diesem Trick darauf, daß Du beim Hereinfahren das Board so kippst, daß Du kurzzeitig fast
nur auf der inneren, hinteren Rolle fährst, so vermei-
dest Du einen Hang-up.

360° Frontside Pivot ————

Beginne wie beim "Fakie Frontside Pivot to Fakie".
Wenn beide hinteren Rollen wieder die Transition
berühren, drehe Dich nochmals um 180° und setze
dann die vorderen Rollen wieder auf.

Ollie "Grab"

Ollie "Grab"

Wichtig ist, daß der andere das Brett und Dich stark genug in die Rampe drückt und Dir dabei nicht das Board wegnimmt.
Fotosequenz s. S. 130/131

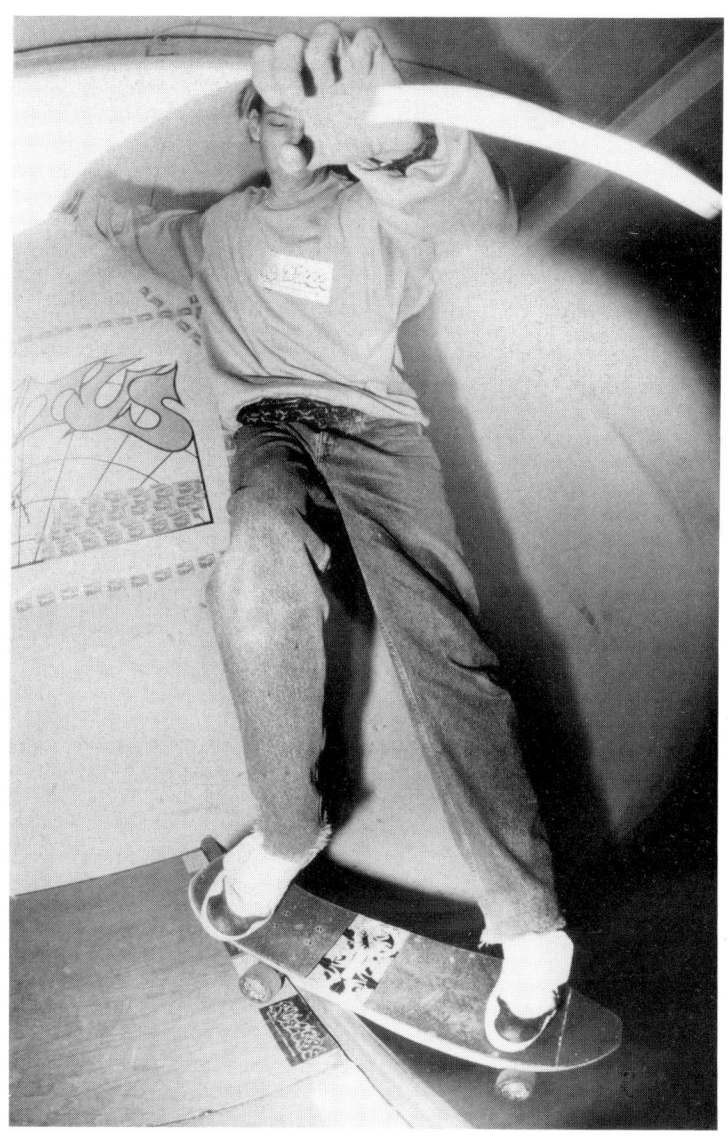

Markus Rüsenberg, Frontside Smith

Thilo Nawrocki, Backside Wallride

Tricks an der Wall

Backside Ollie to Wall — — — — — — — — — — — 136
Frontside Ollie to Wall — — — — — — — — — — — 138
Acid-drop to Wall — — — — — — — — — — — — — 140
Fakie Ollie to Wall — — — — — — — — — — — — 142
Ollie to Fakie — — — — — — — — — — — — — — 144
Ollie Revert to Wall — — — — — — — — — — — — 146

Backside Ollie to Wall

Sehr wichtig bei diesem Trick ist, daß Du sehr hoch abspringst und Dich sehr weit nach vorn lehnst.

137

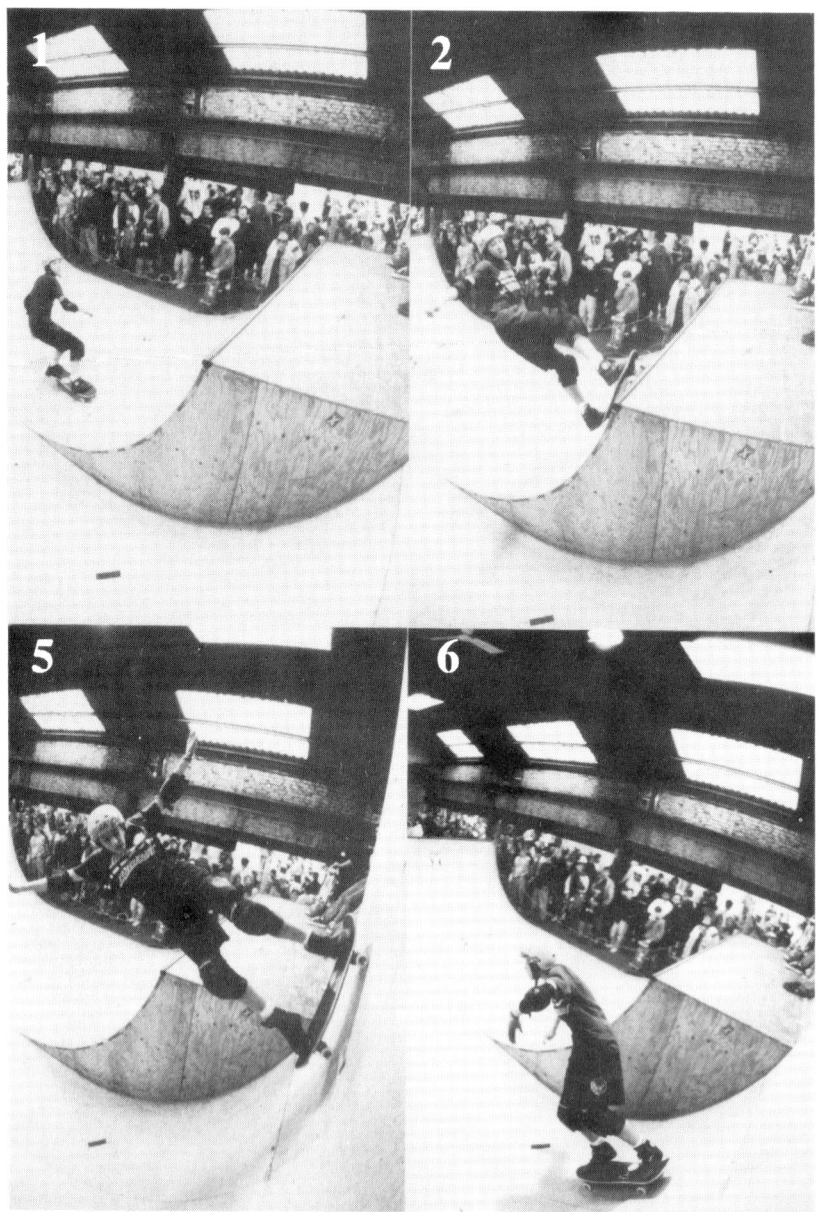

Frontside Ollie to Wall

Fahre an, springe mit einem schwachen Ollie hoch ab und drehe Dich um 180°. Strecke die Beine und lande in der Wall. Wichtig! Lehne Dich bei der Landung stark nach vorn.

Acid-drop "to Wall"

Mache einen Acid-drop und drehe Dich in der Luft
um 90°. Lande wie bei einem Frontside Ollie.

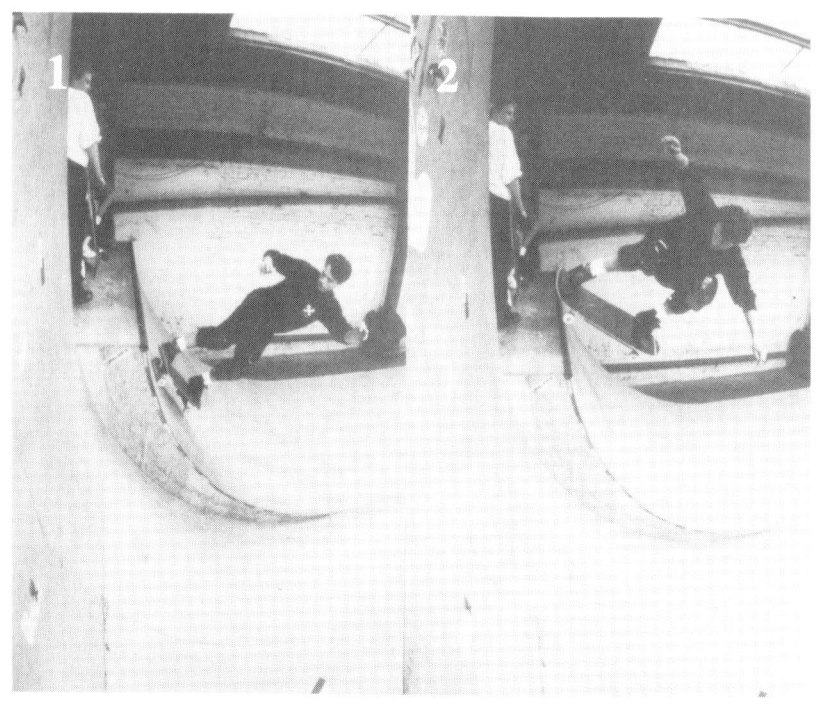

Fakie Ollie to the Wall

Fahre schräg an und springe einen Fakie Ollie, lehne
Dich sehr weit nach vorn und lande.

143

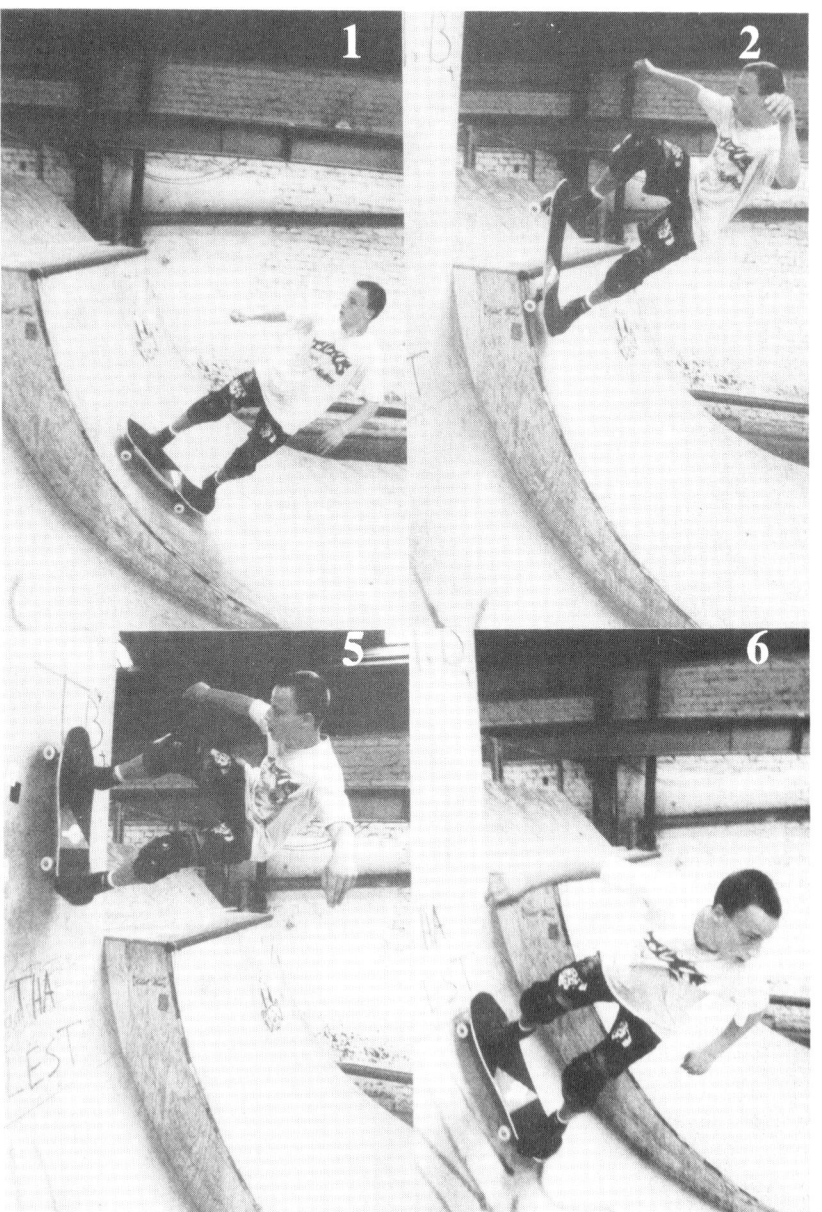

Ollie to Fakie to Wall

Fahre etwas schräg aus der Transition. Achte darauf, daß sich das Board nach dem Absprung genau in Fahrtrichtung befindet und lehne Dich sehr stark nach hinten.

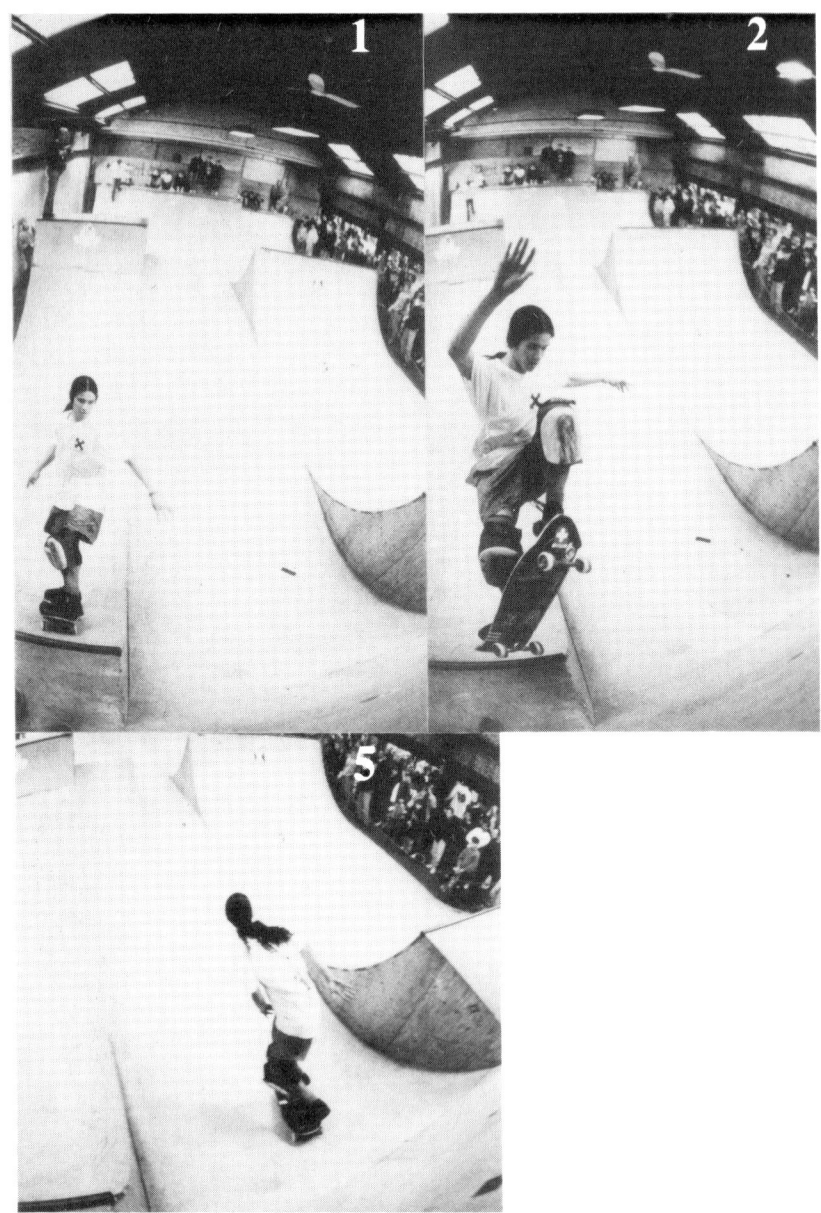

Ollie revert to Wall

Springe einen Ollie aus der Transition. Lehne Dich dabei nach vorn, beim Landen verlagere Dein Gewicht mehr auf die vordere Achse und drehe Dich ähnlich wie bei einem Slide um 180°.

Willy de Sota, Frontside Ollie Tail Grab

Tricks in der Miniramp Kombination

Rock'n Roll Transfer _____ 150
Rock'n Roll to Disaster _____ 152
Ollie Frontside Grab _____ 156
Lien to Tail Transfer _____ 158
Madonna Transfer _____ 162
Ollie to Tail Transfer _____ 164
50/50 Grind to Acid-drop _____ 168
Fakie Axle-Stall Transfer _____ 170
Fakie Ollie to Axle-Stall Transfer _____ 172
Feeble Grind to Smith-Grind Transfer _____ 174
Fakie 50/50 to Fakie Transfer _____ 176
Fakie Smith-Stop to Feeble to Fakie Transfer ____ 178
Ollie 180° Transfer _____ 182
One-Trucker Grind to Fakie _____ 184
Ollie to One-Trucker Transfer _____ 186
Mute Air Transfer _____ 188
Tweak-Air Transfer _____ 192
Backside-Air Transfer Channel _____ 194
Frontside Ollie Channel _____ 196
Ollie Frontside Grab Channel _____ 198
Frontside-Ollie Backside-Grab Nosebone ___ 200
Backside Ollie Channel _____ 202
Frontside Ollie Channel _____ 204
Ollie Revert Transfer _____ 208
Ollie Tail-Grab _____ 210
Half Caballerial Transfer _____ 212
Half Stalefish, Gaytwist Transfer _____ 214
Backside Air _____ 218
540° Transfer _____ 220

Rock'n Roll Transfer

Beginne wie bei einem Rock'n'Roll und ende mit einem Fakie Rock'n Roll

Rock'n Roll to Disaster Transfer

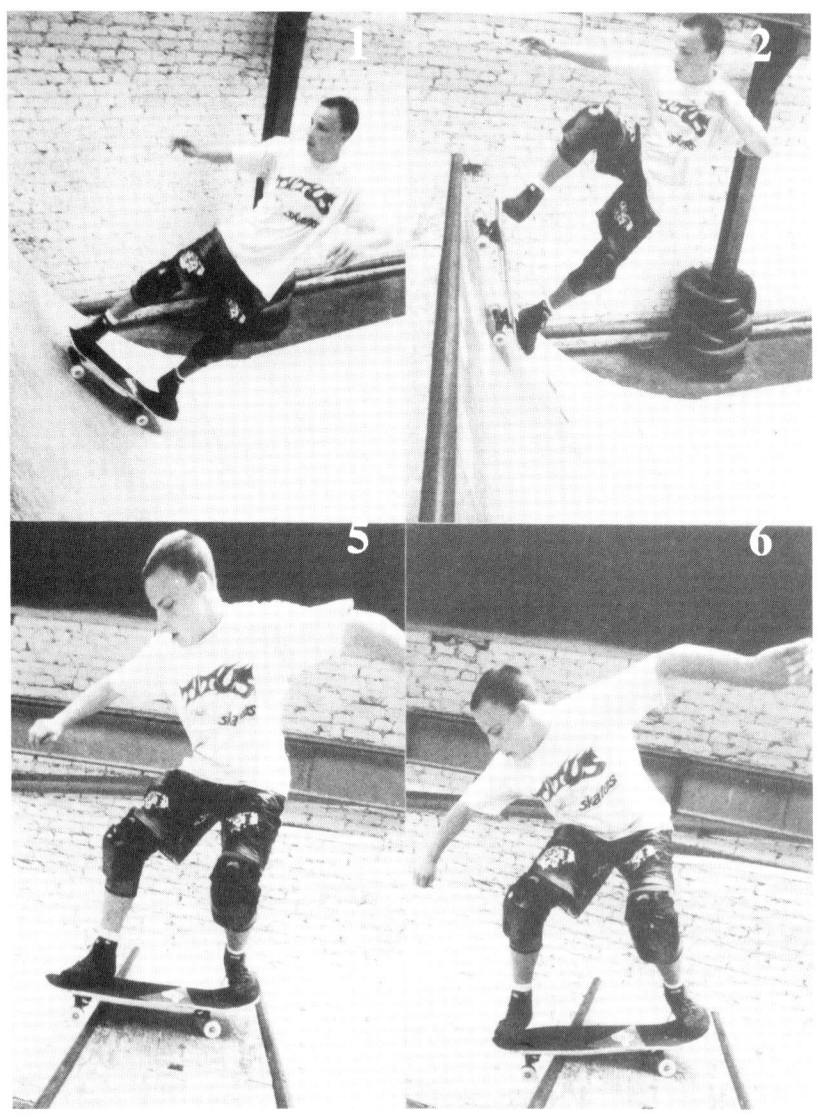

Rock'n Roll to Disaster Transfer

Beginne mit einem Rock'n Roll, drücke mit dem vorderen Fuß auf die Nose, fahre über die Plattform to Disaster auf die andere Seite und fahre wie beim Fakie Rock'n Roll wieder hinein.

Fotosequenz s. S. 152/153

Ollie Frontside Grab

1. + 2.) Fahre die Transition schnell hoch
3.) Mache einen Ollie
4. - 6.) Fasse das Brett an und ziehe es dann zum Körper. Dabei beginne eine 180° Drehung.
7. + 8.) Lasse das Board los und lande.

Fotosequenz s. S. 156/157

Ollie Frontside Grab

157

Lien to Tail Transfer

Lien to Tail Transfer

Mache einen Ollie to Tail Transfer und fasse in der Luft mit der Hand an die Nose.

Fotosequenz s.S. 158/159

Madonna Transfer

Gleicher Ablauf wie Lien to Tail. Nimm in der Luft
den vorderen Fuß vom Brett, strecke ihn und stell ihn
dann wieder aufs Brett.

Fotosequenz s. S. 162/163

Madonna Transfer

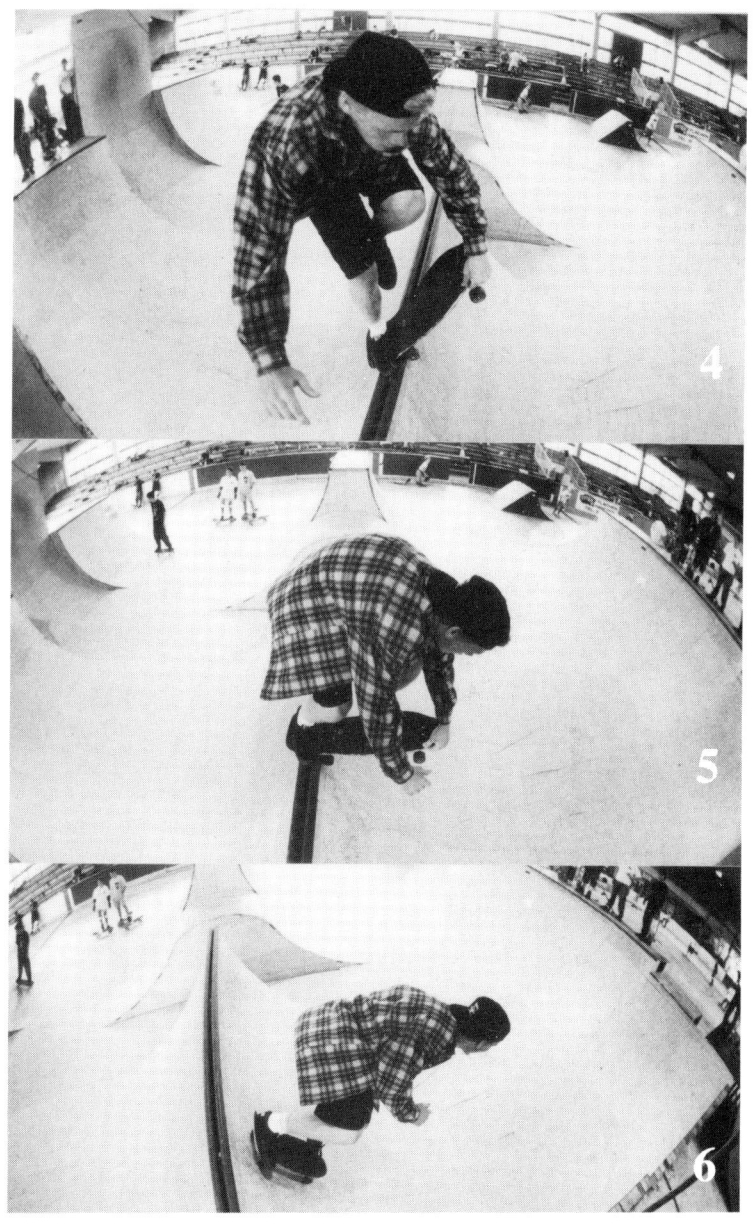

163

Ollie to Tail Transfer

Ollie to Tail Transfer

Beginne mit einem Ollie to Fakie und bring Dein Gewicht genau über das Brett, lande dann to Tail, fahre hinein (wie beim Drop in).

Fotosequenz s. S. 164/165

Alec White, Backside Ollie to Axle Stall

50/50 Grind to Acid-Drop

169

Fakie Axle-Stall Transfer

Fahre rückwärts an, mache einen Axle-Stall. Wichtig bei diesem Trick ist, daß die Achsen genau auf dem Coping stehen und sich Dein Gewicht genau darüber befindet.

172

Fakie Ollie to Axle-Stall Transfer

1.) Fahre rückwärts die Transition hoch,
2. + 3.) drücke durch Gewichtsverlagerung die hinteren Rollen gegen das Coping (springe einen Fakie Ollie) und drehe Dich etwas dabei.
4.) Lande mit beiden Achsen genau auf dem Coping, rutsche.
5. + 6.) hineinfahren.

Feeble-Grind to Smith-Grind Transfer

Beginne mit einem Feeble-Grind, lehne Dich nach vorn und fahre dann (ähnlich wie beim Smith-Grind) in die andere Transition hinein.

Fakie 50/50 to Fakie Transfer

1.) Fahre rückwärts schräg an,
2.) mache einen Backward 50/50 Grind,
3.) verlagere Dein Gewicht sehr weit nach vorn auf die vordere Achse. Dann drücke das Board mit dem hinteren Fuß to Fakie.

Fakie Smith-Stop to Feeble to Fakie Transfer

179

Fakie Smith-Stop to Feeble to Fakie Transfer

1. + 2.) Beginne mit einem Fakie Smith-Stop,
3.) lehne Dein Gewicht zur anderen Seite vom Spine
4.-6.) und fahre mit einem Feeble to Fakie wieder
hinein.
Vorsicht! Man kann sehr schnell hängenbleiben, wenn
die hintere Achse nicht geanu auf dem Coping ist.

Fotosequenz s. S. 178/179

Ollie 180° Transfer

Der Trick ist so ähnlich wie ein Ollie 180° auf dem Boden. Faß den Ollie möglichst hoch und weit, damit Du über die Welle kommst. Dein Gewicht halte genau über dem Brett.

Fotosequenz s. S. 182/183

Ollie 180° Transfer

One-Trucker Grind to Fakie

Ollie to One-Trucker Transfer

Wichtig bei diesem Trick ist, daß Du genau mit der Hinterachse das Coping triffst und Dein Gewicht genau über dem Brett ist, damit Du nicht abrutscht.

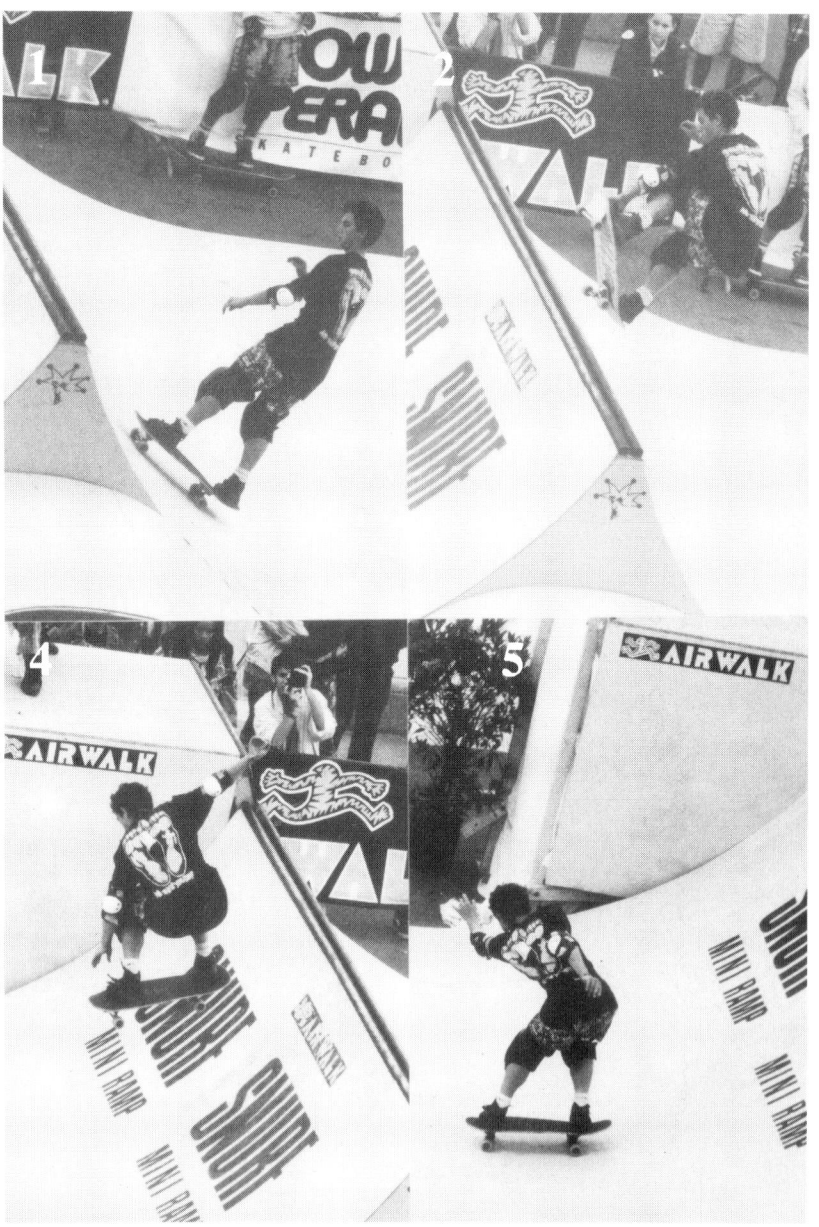

Mute-Air Transfer

Mute-Air Transfer

1.) Fahre die Transition schnell hoch,
2.) fahre über das Coping hinaus, ähnlich wie bei einer Jump-Ramp
3.) fasse das Board "Mute" an.
4. + 5.) Lehne Dich stark nach vorn, laß das Board los und lande.

Fotosequenz s. S. 188/189

Tweak-Air Transfer

Fahre schnell und etwas schräg an, springe ab und fasse das Brett in der Luft an. Lehne Dich stark nach vorn und lande wieder. Achte darauf, daß Du weit genug springst.

Fotosequenz s. S. 192/193

Tweak-Air Transfer

Backside-Air Transfer Channel

Gleicher Ablauf wie Tweak-Air (S. 195-197)

Frontside Ollie Channel

Wichtig ist, daß Du schnell genug anfährst und stark genug abspringst.

Ollie Frontside Grab Channel

Frontside-Ollie Backside-Grab
Nosebone

Springe ab und fasse das Board hinter dem Fuß an und drücke das vordere Bein ganz durch .... und schon machst Du Nosebone.

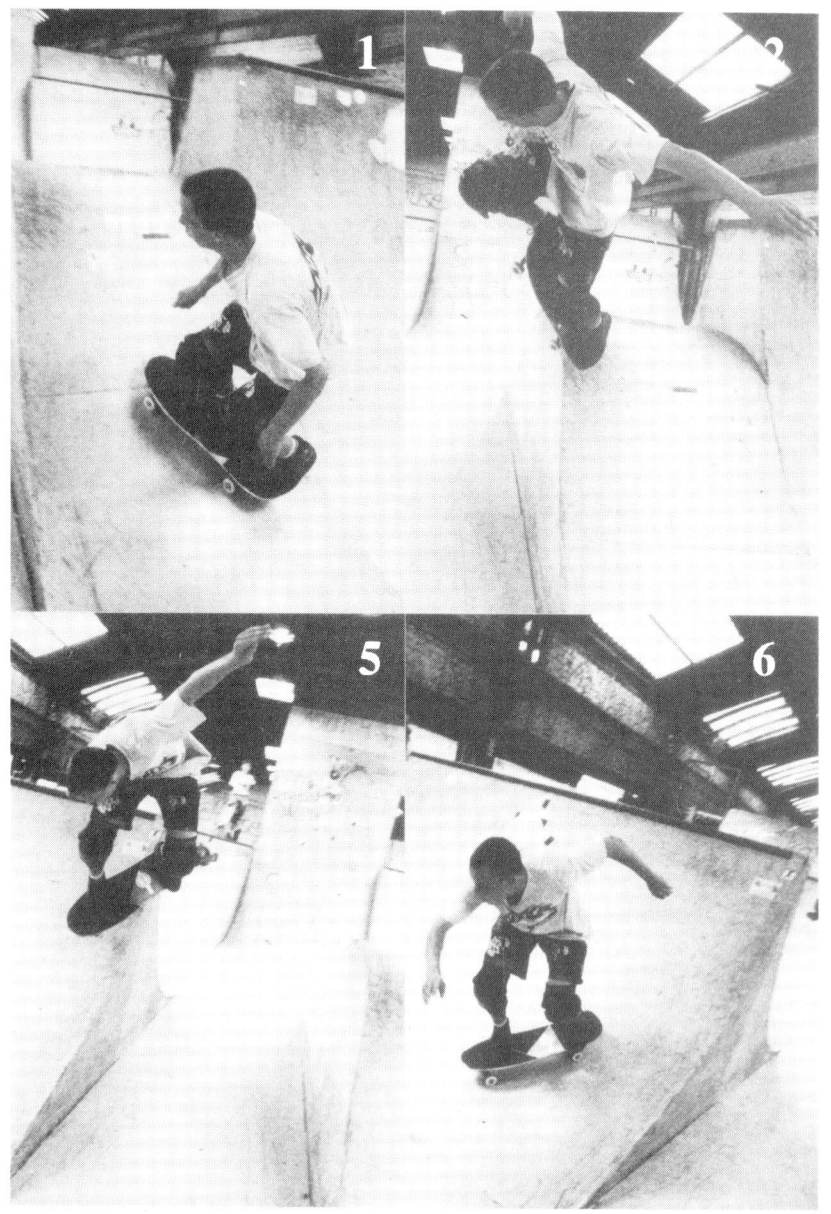

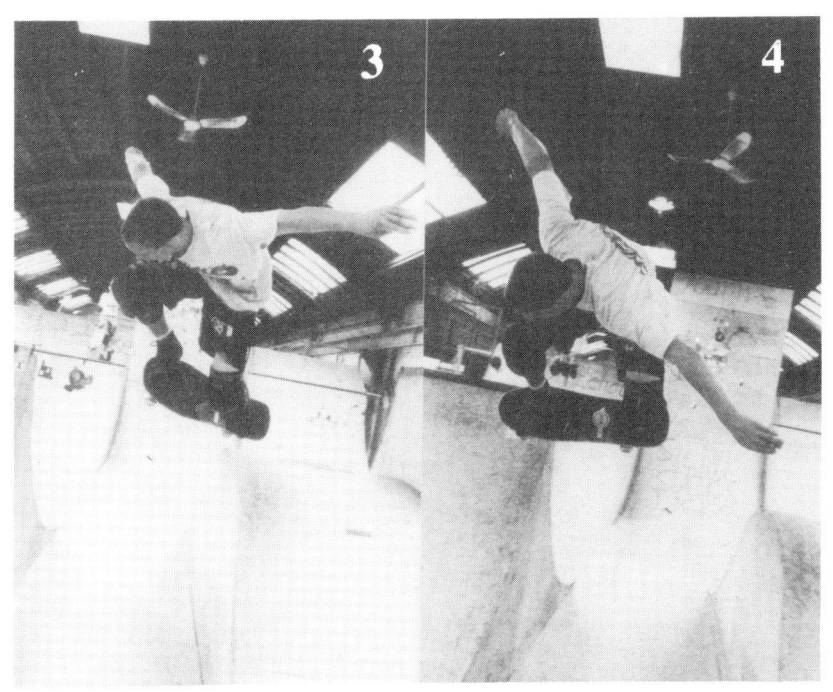

Backside Ollie Channel

Achte darauf, daß Du schnell genug anfährst und weit genug abspringst. Lehne Dich dabei weit genug nach vorn !

Frontside Ollie Channel Revert

Frontside Ollie Channel Revert

Drehe Dich beim Ollie um etwas mehr als 180° und
belaste den vorderen Fuß bei der Landung sehr stark,
dadurch drehst Du Dich den Rest fast von allein,
(ähnlich wie ein Slide).

Fotosequenz s. S. 204/205

Ben Gibson, Stalefish Ollie

Ollie Revert Transfer _____

1.-3.) Beginne mit einem 90° Ollie
4.-5.) Lande, drehe Dich sofort nochmal um 90°,
indem Du die Nose belastest und das Board drehst.

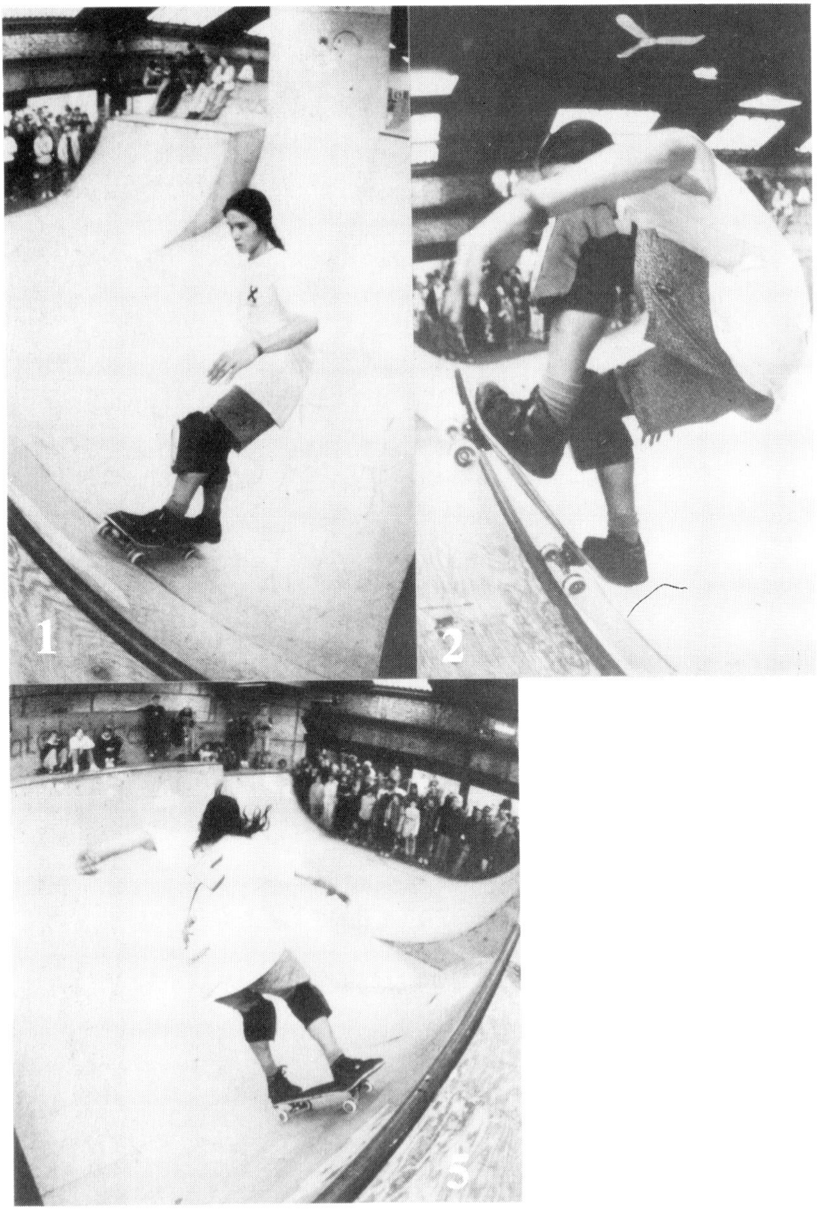

210

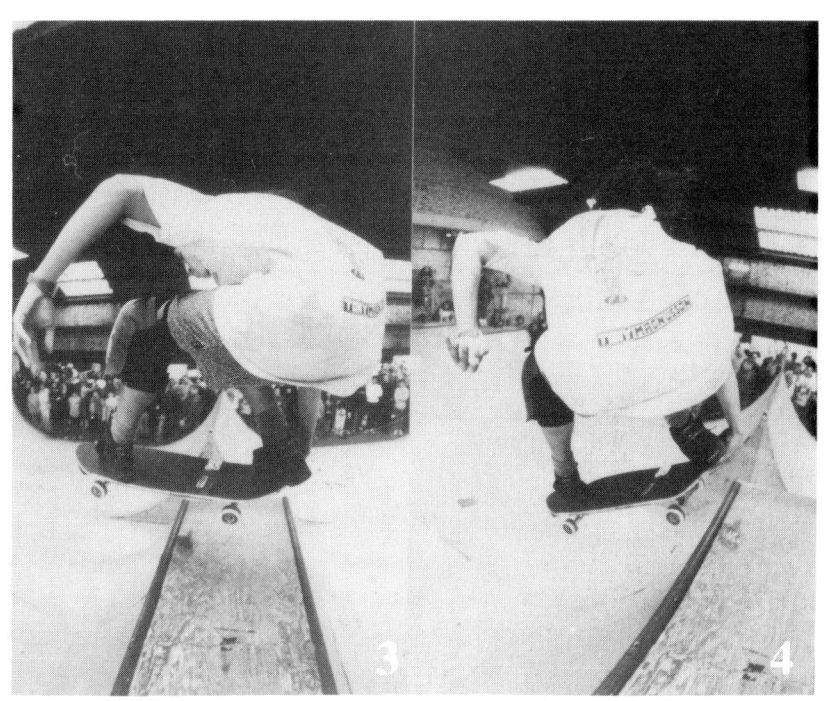

Ollie Tail-Grab

Fahre sehr schnell an und greife in der Luft das Tail
Deines Boards.
Achte darauf, daß Du weit genug springst und Dich
weit genug nach vorn lehnst.

Half Caballerial Transfer ———

Fahre rückwärts sehr schnell an, springe ab und drehe Dich um 180°. Achte darauf, daß bei der Landung Dein Körpergewicht vorn liegt.

Half Stalefish-Gaytwist Transfer

Half Stalefish-Gaytwist Transfer

1. + 2. Fahre die Transition sehr schnell rückwärts hoch und drücke die hinteren Rollen sehr stark gegen das Coping.
3. Beginne direkt mit einer Drehung um 180°. Greife das Board in der Luft kurz Stalefish.
4. + 5. Achte vor der Landung darauf, daß Du weit genug gesprungen bist, um einen Hang-up zu vermeiden.

Fotosequenz s. S. 214/215

Backside-Air 180°

1. Fahre schnell auf den Spine zu.
2. Hebe kurz vor Berühren des Copings die vorderen Rollen durch Belasten des hinteren Fußes leicht an und springe ab.
3. Greife das Board backside und beginne gleichzeitig mit einer Drehung um 180°.
4. + 5. Achtung! Lehne Dich bei der Landung weit genug nach hinten.

Fotosequenz s. S. 218/219

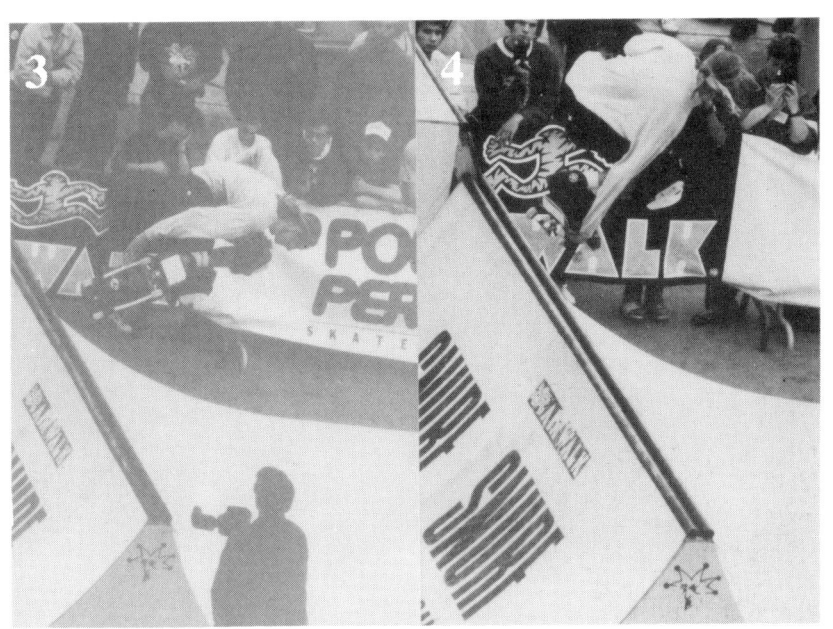

540° Transfer

Ein Mann - ein Name -
Tony Hawk

(Trickbeschreibung unmöglich)

Bau einer Miniramp

Du brauchst Material im Wert von ca. 5000 DM.

Über einen Bauplatz sollte man sich am besten mit der Stadt unterhalten. Eine Betonfläche als Untergrund (wie hier im Bild) muß nicht sein, vermeidet aber auf jeden Fall ein Absakken der Ramp.

Ferner braucht man einen Bauplan und natürlich einen Holz-
fachmann...

... um eine Miniramp wie abgebildet entstehen zu lassen.

Bevor Ihr die Miniramp baut, solltet Ihr mit den Nachbarn eine Vereinbarung über die Lautstärke treffen. Es könnte sonst passieren, daß Ihr die Ramp wieder abreißen müßt.

Ein großer Teil der Geräusche kann geschluckt werden, wenn Ihr den Hohlraum unter der Plattform mit Sand, Kartons o.ä. füllt.

Preislich liegen die beiden abgebildeten Ramps weit auseinander. Die oben abgebildete kostet immerhin 5.000 DM, die untere 200 DM.

Coping

Verschraubtes Standard-Coping (ragt nach oben und nach vorn etwas heraus)

mit angeschweißtem Winkel

Steincoping vermittelt Pool-Feeling, ist aber sehr rauh.

Spine-Coping

Miniramp-Bauplan

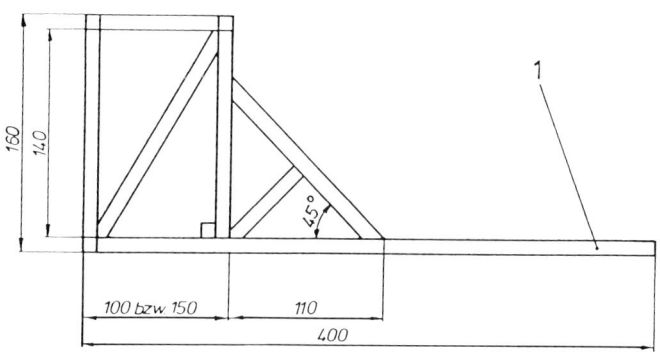

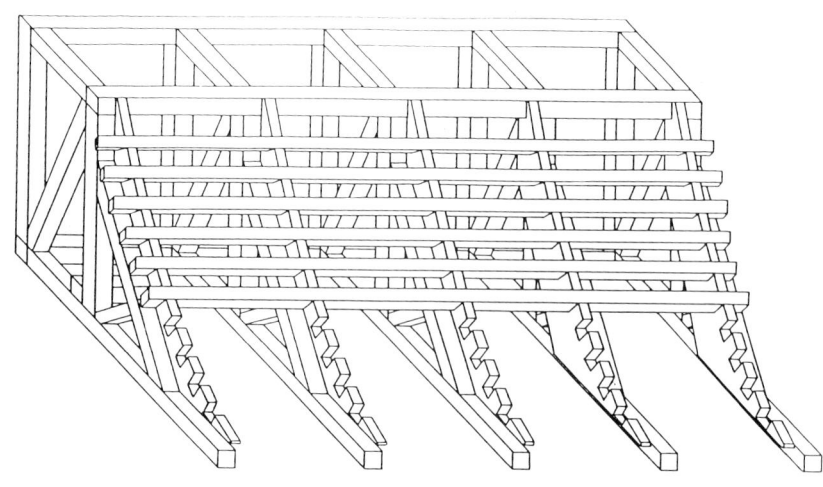

Miniramp-Bauplan

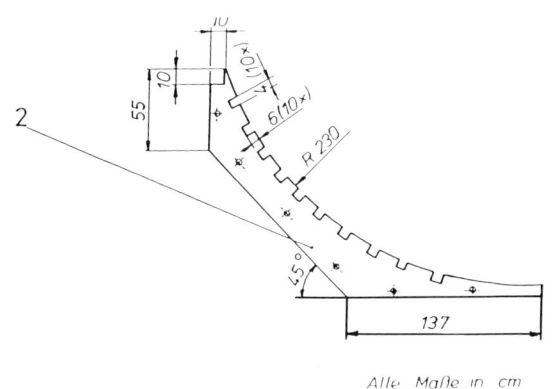

Alle Maße in cm

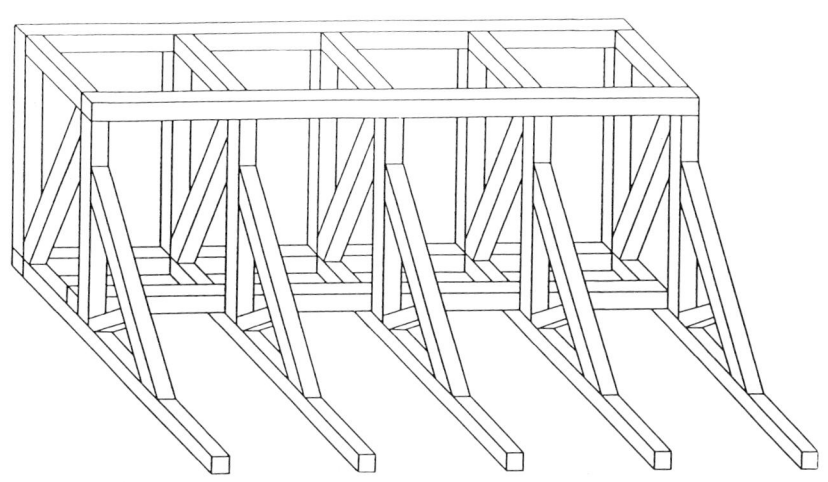

Materialliste für eine 5 m breite Mini-ramp

1) 10 Balken à 10 cm x 10 cm für das Gerüst, mit Blechen und Winkeln verbunden
2) 10 Rundungen aus 30 mm Sperrholz
3) 20 Vierkanthölzer 4 cm x 6 cm, 5 m lang
4) 100 (Nut- und Feder-) Bretter, 2.5 cm x 10 cm, 5 m lang
5) 13 Bretter, ca. 4 cm x 20 cm, 5 m lang
6) 2 x Stahlrohr 2.5", 5 m lang, mit angeschweißten Winkeln
7/8) wasserfestes Sperrholz, 8 mm, oder Hartfaserplatten für Belag und Plattformen; 50 qm = 14 Stück, 244 cm x 122 cm.
(Hartfaserbelag sollte vorgebohrt und angesenkt werden, da sonst die Schrauben überstehen. Belag nicht festnageln, da die Nägel sich mit der Zeit lösen. An den Rückseiten der Rampe Bretter diagonal befestigen zur Verstärkung der Konstruktion).
9) Viele Lochbleche, Winkel und Schrauben.

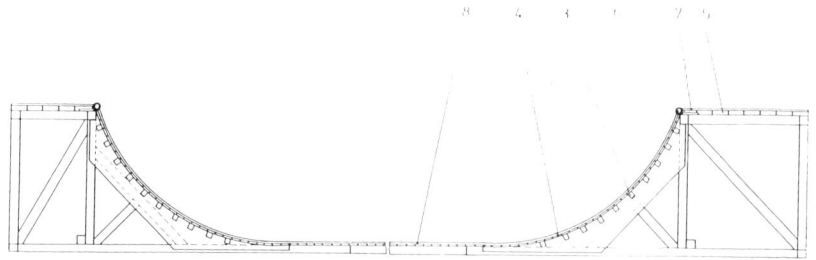

Miniramp Park

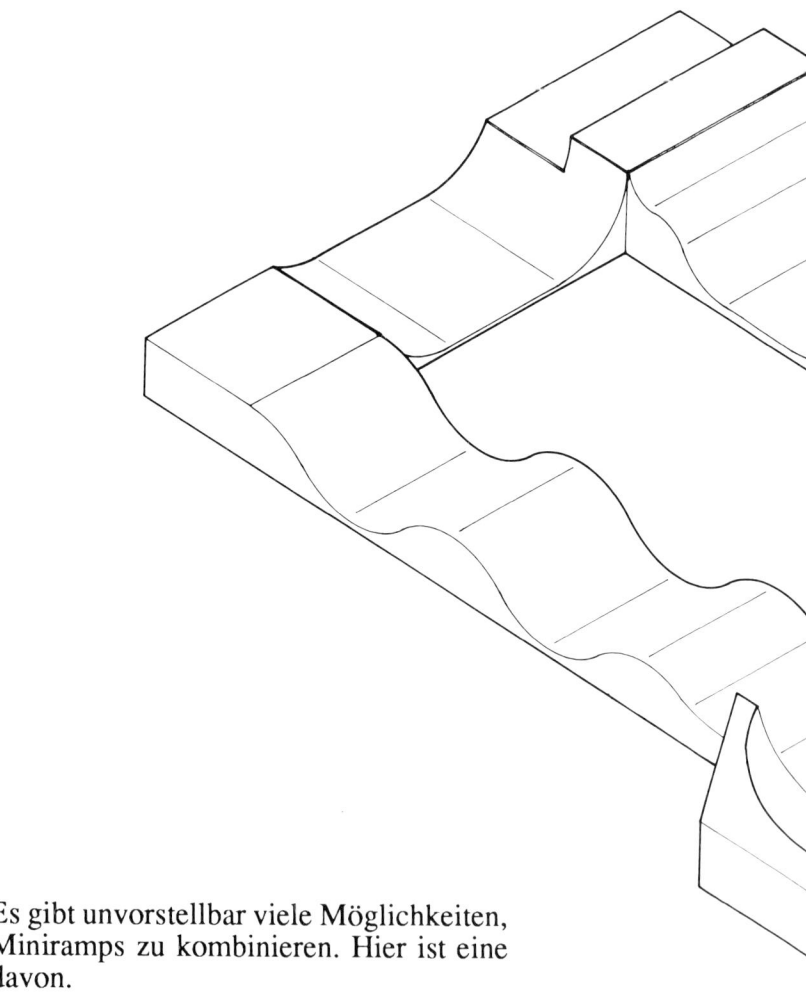

Es gibt unvorstellbar viele Möglichkeiten,
Miniramps zu kombinieren. Hier ist eine
davon.

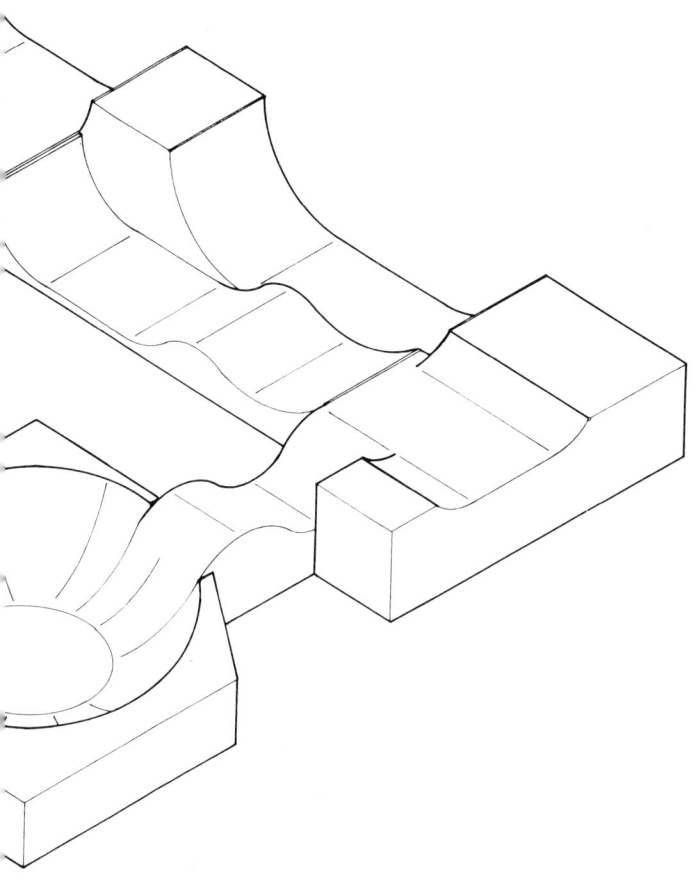

Mein Dank gilt allen, die an der Enstehung des Buches beteiligt waren.

Skater

Ray Barbee
Aaron Deeter
Primo Desiderio
Claus Grabke
Zach Grove
Omar Hassan
Tony Hawk
Lutz Hennig
Chris Livingston
Marc Mitzka
Thilo Nawrocki
Anders Pulpanek
John Reavers
Stefan Rose
Steve Saiz
Kolja Steinrötter
u.a.m.

Fotografen

Thomas Dieckmann
Günter Mokulys

GÜTERSLOHER
VERLAGSHAUS

G

Michael Felten

Schluss mit dem Bildungsgerede!

Eine Anstiftung zu pädagogischem Eigensinn

Gütersloher Verlagshaus

Bibliografische Information der Deutschen Nationalbibliothek
Die Deutsche Nationalbibliothek verzeichnet diese Publikation
in der Deutschen Nationalbibliografie; detaillierte bibliografische
Daten sind im Internet über http://dnb.d-nb.de abrufbar.

Verlagsgruppe Random House FSC-DEU-0100
Das für dieses Buch verwendete FSC-zertifizierte
Papier *EOS* liefert Salzer, St. Pölten.

1. Auflage
Copyright © 2012 by Gütersloher Verlagshaus, Gütersloh,
in der Verlagsgruppe Random House GmbH, München

Umschlagmotiv: Wilhelm Busch: Max und Moritz,
Lehrer Lämpel; © der Vorlage: akg-images, Berlin
Druck und Einband: CPI Moravia Books, Korneuburg
Printed in Czech Republic
ISBN 978-3-579-06670-7

www.gtvh.de

Die hohen Herren machen es selbst,
dass ihnen der kleine Mann Feind wird.
Derhalben musst du, gemeiner Mann,
selbst gelehret werden, auf dass du nit
länger verführet werdest.

(Thomas Müntzer)

Inhalt

8 Noch ein Bildungstraktat?

21 1. Auf die Vordenker kommt es an!
   oder: Beziehungsvielfalt
   Effizienzprogramm

31 2. Selbstlernen ist zu wenig!
   oder: Zur Überschätzung von
   Methoden

49 3. Ohne Leitwolf geht es nicht!
   oder: Ein Plädoyer für Führungsfreude

59 4. Mehr Ermutigung, bitte!
   oder: Gedanken zur Kunst des Förderns

75 5. Lehrer sind auch nur Menschen!
   oder: Die Brisanz der Zwischentöne

81 6. Weniger ist mehr!
   oder: Von Hetze und Begeisterung

91 Dann 'mal los ...

Noch ein Bildungstraktat?

»Alle reden vom Wetter. Wir nicht.« Erinnern Sie sich noch an die clevere Werbekampagne der alten Bundesbahn vor 50 Jahren? Verlässlichkeit braucht keine langen Reden, hieß das – nur wer nicht vorankommt, muss viele Worte machen. Juckt es einen nicht in den Fingern, diese Weisheit auf die Bildungsdebatte der letzten Jahr(zehnt)e zu übertragen? Auch um die Schule wogt ja ein öffentliches Dauergerede – mit höchst zweifelhaftem Erfolg: Bildungsredakteure glauben Lehrern° gute Ratschläge geben zu können, und die Kultusminister senden einen Reformimpuls nach dem anderen aus. Die Schulmeister vor Ort indes verdrehen angesichts nicht endender Innovationsrhetorik nur die Augen – und wichtige Expertenbefunde bleiben unbekannt.

Die Frage ist tatsächlich: Muss sich eigentlich alles ändern? Ist gute Schule wirklich so

---

° *Es erscheint mir wichtiger, wirklich von der Gleichwertigkeit weiblicher wie männlicher Lernender und Lehrender überzeugt zu sein, als pädagogische Debatten ständig mit Floskeln wie »Schülerinnen und Schülern«, »Lehrerinnen und Lehrern« oder »Kolleginnen und Kollegen« zu beschweren.*

etwas Schwieriges, Neuartiges? Und diskutiert man überhaupt die richtigen Probleme, dreht an den passenden Stellschrauben? Eine Handvoll Pisa-Punkte mehr ist jedenfalls noch kein Beleg dafür, dass wir auf einem guten Weg sind. So dürfen Schüler im modernen Deutschunterricht zwar freier schreiben als früher und sie schwitzen kaum noch unter Diktaten; wenn sie aber bildungsfernen Familien entstammen, zeigen sie anschließend sowohl schlechtere Rechtschreibung wie auch geringeren Wortschatz.* Ein Bärendienst in Sachen Bildungsgerechtigkeit – und ein makabres Beispiel dafür, dass der Ertrag der ganzen Innovationshatz irgendwo zwischen herzlich bescheiden und ziemlich irreführend anzusiedeln ist.

Die Reformeuphorie hat eben auf eine ganze Reihe falscher Pferde gesetzt. Das fängt schon bei den Begriffen an. Wo vorwiegend von System, Evaluation, Standard oder Methode die Rede ist, da denkt man doch eher an Brötchenbackstraßen als an Menschenbildnerei! Nicht anders bei den Finanzen: Wenn für die stetige Aufrüstung der Computerarsenale und die

* *Zu allen derart gekennzeichneten Aussagen finden sich Beleghinweise auf der Website des Autors* www.eltern-lehrer-fragen.de

Installation von Smartboards Milliarden locker gemacht, gleichzeitig die Stellen für Schulpsychologen aber halbiert werden*, dann scheint es im Schulwesen doch eher um gute Geschäfte als um breit angelegte Hilfe für Schwächere zu gehen. Oder nehmen wir die sich ständig weiter aufblähende Bildungsbürokratie: Nach außen hin geben sich Schulen immer selbstständiger, intern indes gebärden sie sich zunehmend berichtsversessener – Bildung wird dabei nicht nur zur »Ware« (*Jochen Krautz*), sondern auch zur Kontrollprozedur, im Rahmen behördlicher Qualitätsanalyse. Ähnlich zwiespältig liegt der Fall bei der leidigen Testeritis: Wie arglos wird getestet und evaluiert, was die Finanzen nur hergeben – dabei sind doch viele der Messkriterien umstritten, lassen sich Bildungsprozesse nur sehr bedingt durch eine »Invasion von Kennziffern« (*Horst Bethge*) beurteilen, verkommt das Lernen dann schnell zu einem teaching to the test! Dann der Fluch der Individualisierung: Als stärkeres Eingehen auf den Einzelnen beworben, mündet es ganz schnell in unverbindliche Atomisierung der Schülerschaft. Nicht zuletzt die unselige Schulformdebatte: Wie viel Zeit und Papier wurden über Jahrzehnte für die Einführung einer landesweiten Einheitsschule verschleudert, in Talkshows, Reden und Artikeln – dabei sagt alle Lernforschung, dass Schulerfolg und Bildungsgerechtigkeit nicht primär vom System und den Strukturen abhängen, sondern von Unterrichtsqualität und Förderintensität! Und jetzt als neueste Wunderwaffe: Inklusion, eine im Prinzip begrüßenswerte Anti-Benachteiligungsvision, das gemeinsame Beschulen aller Kinder von hochbegabt bis lernbehindert, bei der aber viel Förderqualität verloren gehen wird, wenn man sie vor allem als Sparprojekt betreibt.

Jede Menge umstrittener Baustellen also – manchem erscheint diese Dauerreformitis gar als neue Herrschaftsform. Denn wer permanent mit Neuerungen beschäftigt wird, hat keine Zeit mehr, sorgfältig zu prüfen oder gar kritische Fragen zu stellen.* Und alles nur wegen dem schlechten Abschneiden bei PISA 2000, dieser zum deutschen Bildungsverständnis nur bedingt passenden Massentestung – anscheinend funktioniert die »Schock-Therapie« (*Naomi Klein*) auch in Schulfragen.

Tatsächlich vernebelt das Bildungsgerede unterschiedlichster Couleur den Blick für das Wirkliche und Mögliche in Sachen Schule. Was an dieser Hochstapelei besonders ärgerlich ist: Der gemeine Lehrer in seinem Alltagshandwerk hat ganz andere Sorgen, steht damit aber ziemlich allein da. Wie man es anstellt, dass sich Kinder aus bildungsfernen Schichten tatsächlich mit anspruchsvollen Bildungsinhalten anfreunden; wie man es hinbekommt, dass verwöhnte Schüler doch noch Ausdauer und Sorgfalt entwickeln; was man tun kann, wenn desinteressierte Halbstarke nicht nur selbst schulisch entgleisen, sondern auch den restlichen Unterricht aufmischen – zu diesen Fragen liefern Ratgeberverlage wie Lernmittelindustrie eher Spreu als Weizen. Und auch die Lehrerfortbildung hat zu den Kernproblemen des Schulischen nur wenig zu bieten. Was Lehrer bei Attacken aufsässiger Schüler empfinden, wie schnell ihre Ansprache entmutigte Kinder verfehlt, das ganze hochkomplexe Wechselspiel zwischen einem älteren und 30 jüngeren Menschen – all' das spielt, obwohl primär bedeutsam für den Lernerfolg, nur eine marginale Rolle. Während in den Klassen Führungsschwäche herrscht, stapeln sich in den Lehrerzimmern Motivationsreader und Diagnosechecklisten. Dass aber Bildung nicht nur Angebot, sondern auch Anspruch bedeutet, nicht nur Bedürfnisse erfüllt, sondern auch Bemühen erfordert, scheint in den Hintergrund getreten – wenn nicht vergessen. Nicht wenigen erscheint die Schule denn auch als »Tollhaus«, weniger als Lernort.

Besonders aktuell: das allgegenwärtige Tam-

tam um die Inszenierung von »eigenverant-
wortlichem Arbeiten«. Was sich modern und
motivierend anhört, nutzt indes nur den leis-
tungsstarken Schülern, während es schwächeren
den Zugang zu Neuem und Anspruchsvollem
erschwert.* Das unstrittige Ziel allen Lernens
– Selbstständigkeit – ist eben gerade nicht der
Königsweg dorthin! Und so ist der gesamte Pro-
zess der derzeitigen Schulentwicklung geprägt
von vielerlei Scheinplausibilitäten mit verborge-
nem Pferdefuß. Handfeste und ehrliche Evaluation dagegen: Mangelware. Schulen mit guten
Leistungsbilanzen kann es durchaus passieren,
dass ihnen die ministeriellen Qualitätsprüfer
Fortbildungsbedarf attestieren*. Aber wo ist die
offene Auseinandersetzung über derlei Wider-
sprüche? Kritische Äußerungen aus der Lehrerschaft werden beschwiegen, belächelt oder
beschimpft – oder sie unterbleiben von vorn-
herein, gehorsamst vorauseilend. Kein Wunder,
wenn auffällig viele Pädagogen vorzeitig verhär-
ten, ihre Arbeit nur noch mit zynischem Unter-
ton verrichten, womöglich gar resignieren und
ins Burnout geraten. Kein Wunder, dass es zu
wenig engagierten Lehrernachwuchs gibt.

Aber heißt es nicht neuerdings, Stuttgart
sei überall? Wer sagt denn, dass sich das wach-
sende Bedürfnis nach Einmischung, nach di-
rekterer Demokratie, nach einer Politik für die

Menschen statt gegen sie, auf Bahnhofsverlegung und Energiewende beschränken muss? »Von wegen nix zu machen« (*Jürgen Becker*) ist das Gebot der Stunde! Vielleicht brauchen sich auch Lehrerkollegien nicht alles gefallen lassen, was Politiker und Lobbyisten miteinander auskungeln – und ihnen dann mit Hilfe cleverer, aber bildungsferner Organisationsentwickler einträufeln! Wenn ein weiser alter Franzose (*Stéphane Hessel*) seine zornige Stimme gegen den global galoppierenden Finanzkapitalismus erhebt, warum sollte sich nicht auch die Pädagogenzunft ein wenig entrüsten? Schließlich müssen auch Beamte nicht jeden offensichtlichen Unsinn ausführen, sie genießen ja ein Remonstrationsrecht, sind »zu Recht sehr autonom«, wie *Jürgen Zöllner*, ranghoher Kultuspolitiker im ZEIT-Interview* einräumte.

Solcher Eigensinn – *Hermann Hesse* zufolge eine der schönsten Tugenden – dürfte sich allerdings nicht auf die notorischen Klagelieder beschränken, müsste über ein »Empört euch!« in Bildungsbelangen hinausgehen. Sonst wär's ja nur ein Kitzel für's intellektuelle Gemüt – und viele Schüler würden weiterhin unterfordert durch ihre Schulzeit dümpeln, unter unnötigem Stoffdruck zusammenbrechen oder in der Bildungsferne ihres Milieus verharren. Nein, gefragt ist auch ein entschiedenes »Engagiert euch!« – die Frage ist nur: Wo denn, und wohin – und wie? Wissenschaftliche Detailanalysen gibt's bereits zur Genüge, bildungspolitische Stimmungsmacher sind in der Regel nur selbstverliebt – man sollte das Ohr einmal an die pädagogische Basis selbst halten.

Denn von Praktikern, Menschen also, die täglich unterrichten und dies gerne und nicht gerade erfolglos tun, dringt merkwürdigerweise kaum ein Wort in die öffentliche Debatte – und das ist für diese verhängnisvoll. Dabei sind Praktiker keineswegs harmlos; aus ihnen spricht – sofern sie nicht im eigenen Saft schmoren – eine schwer bestreitbare Kraft des Faktischen. Auch im Pädagogischen vermag nämlich – mit *Heinz Bude* gesagt – die Intelligenz des gelebten Lebens die scheinbare Vernunft der großen Entwürfe zu überflügeln. Was gestandene und kundige Lehrer jedenfalls von Kultusbeamten und Bildungsjournalisten unterscheidet, ist ihr solides Erfahrungswissen um das Erfreuliche, Problematische und Mögliche in der Schule, quasi aus erster Hand, nicht von einzelnen Goodwill-Besuchen oder eiligen Internetrecherchen. Und deshalb sticht ihr Standpunkt auch aus dem üblichen Bildungsgerede heraus, dieser »Sphäre der vorgesagten und nachgeredeten Meinungen« (*Peter Sloterdijk*) – ist gewissermaßen emanzipiert

von manch' zeitgeistiger »Schwarmdoofheit«
(*Wiglaf Droste*).

Also: der Praxis das Wort geben. Aber gibt es denn von dort Neues oder Maßgebliches zu berichten – und vor allem: Machbares? Das Echo auf meine Vorträge und Lehrerfortbildungen war jedenfalls ermutigend: »Genau – man muss den Unsinn abperlen lassen und seine Kraft auf Sinnvolles konzentrieren!« oder »Eine Fortbildung, die in diesem Maße bewährtes Altes und brauchbares Neues miteinander kombiniert, habe ich noch nicht erlebt!« oder »Ich glaube, schon morgen werde ich aufrechter unterrichten!« oder »Schade, dass mein Kind nicht zu Ihnen in die Klasse gehen kann!« Meine Position lässt eben die ewige Strukturdebatte um das vermeintlich paradiesische Schulsystem links und die Überfrachtung der Lehrertische mit neuen Methoden und Medien rechts liegen. Stattdessen beleuchte ich die Tragweite einer pädagogischen Alltagserfahrung – *dass es nämlich an den handelnden Menschen liegt, ob Schule gut gelingt*. Eigentlich eine Binsenweisheit, aber im permanenten Innovationsgerede nahezu unter die Räder geraten: Auch Schüler (und Lehrer) sind zunächst einmal social animals – und keine technischen oder politischen Objekte.

Diesem Blick auf die menschliche Dimension, speziell: auf das Beziehungshafte und Emotionale in der Schule, gilt es neue Aufmerksamkeit zu verschaffen – denn er eröffnet ganz neue Auswege aus der Bildungsmisere. Schlagartig ist der Lehrer nicht mehr Opfer oder gar Handlanger einer entwicklungshemmenden Bürokratie, sondern kann sich als hochwirksamen Täter begreifen, als ziemlich unabhängigen Gestalter hochinteressanter einzelner Lern- und Entwicklungsbeziehungen! Er ist nicht länger davon abhängig, ob hier ein Finanzminister die Bildungsausgaben erhöht oder ob da ein Kultusminister eine weitere Schulreform anstößt – oder der nächste sie wieder abbläst. Er spricht sich den Wert, den er de facto für die Gesellschaft hat, kurzerhand selbst zu – unabhängig von durchsichtiger Kanzlerschelte (»faule Säcke«), oberflächlichen Presseanalysen (»pessimistische Bequemlichkeit«) und verständlichem Nachbarneid (»dauernd Ferien«). Er erobert sich seine berufliche Würde zurück und macht sich ganz un-verschämt zum Herren im vielbeschworenen Haus des Lernens.

Und dafür ist's höchste Zeit! Denn die »neuen Schüler« (*Horst Hensel*) brauchen eine zupackende Zunft – und keine zaudernde! Zudem eine feinfühlige – und nicht eine primär medienverliebte! Zwar schneidet Deutschland mittlerweile ein wenig besser ab als in der ersten PISA-Studie, im Gegensatz zu manch' früherem Spitzenland wie Schweden. Aber wir haben immens viele Risikoschüler, viel zu wenig Spitzenleistungen – und ein ebenso bedrückendes wie unnötiges Ausmaß an Bildungsungerechtigkeit. Hinzu kommt ein ständig sinkendes Niveau bei Lehrstellenbewerbern wie Studienanfängern – und ein eklatanter Mangel an naturwissenschaftlichem Nachwuchs. Von Allgemeinbildung, politischem Bewusstsein und Gesittung ganz zu schweigen. Dabei kann unsere Jugend mehr, sie braucht mehr – und sie will auch mehr! Deutsche Kinder sind keineswegs weniger intelligent als die anderer Länder, aber sie wollen herausgefordert werden. Und diese Arbeit muss die Schule leisten, und zwar gegen die verbreitete »Pädagogik der Ermäßigung« (*Fulbert Steffensky*) – was so viel heißt wie: im Anspruch an junge Menschen übervorsichtig zu sein, in den Angeboten an sie dagegen maßlos. Nicht eine Krise der Jugend ist das Problem, wohl aber eine der Erwachsenen – nämlich in ihrer Sicht vom Generationenverhältnis.

»Schluss mit dem Bildungsgerede« zielt also keineswegs darauf, das Thema Schule künftig zu beschweigen. Aber der Worte über Nichtigkeiten und Sackgassen sind genug – gebraucht wird ein Gegengift gegen die vielen Blendungs-vokabeln. Zu viele Experten verdienen ihr Geld mit unnötigen Neuigkeiten in Sachen Bildung – und sie müssen ihre Suppe nicht einmal selbst auslöffeln. Gefragt ist vielmehr brauch-bares Handeln – da, wo es Kindern tatsächlich nützt. Diese Schrift erzählt von schulischen Perspektiven, die sich nicht scheuen, dem offi-ziellen Mainstream auch zuwiderzulaufen; da-für aber sind sie praxistauglich – und zudem forschungskompatibel. Im besten Sinne eigen-sinnig eben: nicht als komische Eigenbrötelei, nicht als unbelehrbare Dickköpfigkeit – sondern als hartnäckiges Beharren auf der schulischen Grunderfahrung, dass Lehrer, die sich selbst ernst nehmen, ungeheuer viel in der Hand ha-ben. Das mag gelegentlich altbacken anmuten – vermutlich ist es aber bereits avantgardistisch.

»Und sie bewegt sich doch!« – so betitel-te einmal eine Kultusministerin ihre Haus-postille, womöglich um ihre Reformen durch Anlehnung an Galileis Unbeirrtheit zu adeln. Geben wir diesem Bild doch einen subversi-ven Akzent! In welche Richtung sich unsere Schulen tatsächlich bewegen, das muss man nicht der Behörde überlassen. Jeder Lehrer könnte darauf Einfluss nehmen – durch selbst-bestimmte, sinnvolle Akzente in Klasse und Lehrerzimmer, gleich hier und morgen, nicht erst am Sankt-Nimmerleinstag oder nach dem nächsten Regierungswechsel. Also, Schulmeister (welch' ehrwürdiger Begriff!): Nimm das Prinzip der pädagogischen Freiheit in Anspruch – du musst die Resultate deiner Arbeit ja auch höchstpersönlich verantworten! Dein Beruf ist ein Glücksgriff – verteidige ihn gegen unsinnige Zumutungen! Hier wirst du eine innovationseuphorische Lehrerkonferenz auf den Teppich bringen wollen, dort macht es vielleicht mehr Sinn, eine törichte Reformwelle einfach zu durchtauchen. Der eine ruft vielleicht lauthals »Aber der Kaiser ist ja nackt!«, der andere handelt einfach entsprechend, der dritte sammelt reformkritisches Material am Schwarzen Brett. Ob man es dabei mehr mit *Kant* hält (»Habe Mut, dich deines eigenen Verstandes zu bedienen!«), an *Bismarcks* Plädoyer für »Bürgermut« zurückdenkt oder sich auf *Brechts* Parabel »Maßnahmen gegen die Gewalt« beruft, mag jeder selbst entscheiden.

1. Auf die Vordenker kommt es an!
oder: Beziehungsvielfalt statt Effizienzprogramm

Ich bin immer noch gerne Lehrer, auch nach 30 Jahren – die Faszination kindlicher Neugier, der Reiz gelingenden Erklärens, die Vielfalt der pubertären Betriebsgeräusche. Aber ist das der Rede wert? Berufliche Zufriedenheit wächst doch normalerweise in dem Maße, wie man erfahrener und verantwortlicher wird – sofern man zu Beginn nicht völlig danebengegriffen hat. Bei Lehrern indes liegen die Dinge häufig anders, nicht selten gar umgekehrt: Sie beginnen voller Elan, freuen sich auf das Begeistern junger Menschen, empfinden vielleicht gar eine Art Berufung – mit der Zeit jedoch macht sich nicht nur kühle Routine breit, es kommt zu Überlastungssyndromen, nicht selten zu Resignation – und neuerdings auch gerne zu Reformüberdruss.

Wieso also begeistert mich diese durchaus harte Arbeit nach Jahrzehnten noch? Wohl kaum wegen des spröden Reizes von Lehrplänen oder der hohlen Rhetorik von Schulprogrammen und Innovationskonzepten! Vielleicht verdanke ich mein anhaltendes Berufsglück einfach der Tatsache, dass ich den richtigen pädagogischen Paten begegnet bin.

Damit meine ich Vordenker in Vergangenheit und Gegenwart, die mir – inmitten des Getümmels pädagogischer Positionen – eine besonders brauchbare Sicht auf junge Menschen ermöglicht haben. Das meiste Gescheite ist ja bereits einmal gedacht worden, gab schon *Goethe* zu bedenken – man braucht es nicht selbst zu erfinden, sondern müsste es nur noch einmal erwägen.

So hat mich die verbreitete Selbstlerneuphorie immer schon skeptisch gestimmt. Gerade weil man von Heranwachsenden noch nicht erwarten kann, dass sie ein Wissen jenseits der eigenen Lebenswelt wertschätzen, erschien mir der Lehrer als Brückenbauer, als Lockvogel ins Fremde und Schwierige stets unverzichtbar. Kinder wie Jugendliche bedürfen doch eines menschlichen Gegenübers, das zeigt, anregt, ermuntert, das sich für Neigungen wie Probleme interessiert, das erwartet und einfordert, das Widerstand aushält, das auch herzlich streng sein kann.

> *»Der erste Schritt beim Lernen ist die Liebe zum Lehrer.«*
> (Erasmus von Rotterdam, um 1500)

Für diese Weisheit steht ein pädagogischer Ahne, der bereits vor 500 Jahren wirkte, Erasmus von Rotterdam (1465 – 1536). Der niederländische Humanist widmete sich nicht nur den theologischen Fragestellungen seiner Zeit, er plädierte auch – in seiner Schrift »Lob der Torheit« – für mehr Vernunft in irdischen Belangen. So formulierte er etwa mit seiner »Klage des Friedens« eine immer noch hochaktuelle pazifistische Position: Nur wenn das gesamte Volk sich für einen Krieg ausspreche, sei dieser legitim. In Sachen Bildung ist Erasmus deshalb so wegweisend, weil er klar macht, dass die Liebe zu den Dingen – eine wichtige Voraussetzung für erfolgreiches Lernen – ja erst mit der Zeit möglich wird, vermittels der Zuneigung zu den sie präsentierenden Personen. Für den Lehrer bedeutet das: Es kommt vorrangig auf die pädagogische Beziehung an – das ausgetüftelte Arbeitsblatt oder die Lernmethode sind sekundär. Nichts anderes sagt uns heute die Neurobiologie, etwa im folgenden Kernsatz von *Joachim Bauer*: »Die stärkste Motivationsdroge für junge Menschen ist der andere Mensch!« Insofern erscheint das Diktum des Erasmus auch als schönes Beispiel für die Zeitlosigkeit erfahrungsbasierter Erkenntnis – im Gegensatz zu der Kurzlebigkeit pädagogischer

> *»Die stärkste Motivationsdroge für junge Menschen ist der andere Mensch!«*
> (Joachim Bauer, 2007)

Modefloskeln, die derzeit stark von ökonomischen Erwägungen geprägt sind.

Nun steht und fällt berufliche Zufriedenheit ja damit, wie man mit den Störungen des Unterrichts zurechtkommt – und das sind die Verständnisschwierigkeiten und Beziehungskonflikte der Schüler. Wer dabei allerdings nur wählen kann zwischen »auf die Füße treten« oder »anders sortieren«, wird wenig Erfolg und viel Unlust ernten – weil diese Sicht einem statischen Menschenbild folgt. Ich bin immer gut gefahren mit einer dynamischen Sicht von Intelligenz, wie sie die moderne Kognitionsforschung vertritt – und wie sie schon Freuds früher Kollege *Alfred Adler* (1870 – 1937) seiner Individualpsychologie zugrunde legte, einer tiefenpsychologischen Denkschule mit besonderem erzieherischem Akzent.*

> »Es kommt nicht darauf an, was einer mitbringt, sondern was er daraus macht.«
>
> (Alfred Adler, 1932)

Störrische Begriffsstutzigkeit, renitente Faulheit, lästiges Stören, aber auch passive Unauffälligkeit verlieren ihre Unzugänglichkeit und ihre Wucht, wenn man sie nicht als Boshaftigkeit oder Unfähigkeit interpretiert, sondern als biografisch geronnene Entmutigung, getarnt durch sinnvolles Ersatzverhalten. Wer die vielen Fallbeispiele von Adler und seinen Mitarbeitern studiert, gewinnt unweigerlich eine neue Blickrichtung auf Kinder, versteht plötzlich auch schwierige Schüler – und kann sie womöglich von ihrer Blockade erlösen.

Ein solcher Perspektivenwechsel – gepaart mit größerer Bewusstheit für die eigenen Emotionen – sensibilisiert einen auch dafür, wie oft es im Schulalltag an Ermutigung fehlt, dem Vitamin E alles Pädagogischen: Schüler werden unnötig kritisiert, im Affekt beschämt, bleiben mangels Empathie unverstanden. Nachhaltige individuelle Unterstützung ist dagegen vielfach Mangelware. Demgegenüber wirkt der Hype um die Eigenverantwortlichkeit beinahe schon kitschig. Denn was auf den ersten Blick plausibel klingt und dem Lehrer Entlastung verspricht, ist ja letztlich eine Verwechslung von Weg und Ziel. Allzu oft hinterlässt übertriebene Selbststeuerung nur ein Sammelsurium an Wissensfragmenten. Und schwächere Schüler werden durch lehrerarme Lernformen wie Offenen Unterricht

> *»Der böse Wille ist niemals der Beginn, immer die Folge der Entmutigung. Es ist ein letztes Aufraffen, wenigstens auf der schlechten, unnützen Seite des Lebens sich irgendwie hervorzutun, sich unangenehm bemerkbar zu machen.«*
> (Alfred Adler, 1929)

geradezu benachteiligt. Das hat schon früh *Hermann Giesecke* (geb. 1932) erkannt, ein linker Erziehungswissenschaftler, der sich in den 1970er-Jahren etwa um die Didaktik der politischen Bildung verdient gemacht hat*. Giesecke war es immer wichtig, das Pädagogische der Beliebigkeit des Zeitgeistes zu entreißen und vor Vertrauensseligkeit im Hinblick auf pädagogische Moden zu warnen – kein Wunder, dass seine Beurteilung der aktuellen Schulreformen äußerst skeptisch ausfiel. Aber als »Kind einfacher Leute« wusste der Mann eben, wovon er spricht: von der Kluft nämlich, die Kinder der »Unterschicht« zu überbrücken haben, wenn sie in die Nähe gesellschaftlicher Teilhabe gelangen wollen. Pädagogische Deregulierung, hat Giesecke einmal gesagt, das mute wie ein Trick der Mittelschicht an, ihre Privilegien nach unten zu verteidigen – Arztkinder kämen schließlich mit allen Lehrformen zurecht, notfalls mit Nachhilfe.

Also nicht Kinder verfrüht sich selbst überlassen, sondern sie wirkungsvoll ermutigen! Das bedeutet aber auch, sie nicht zu verwöh-

> »Nahezu alles, was die moderne Schulpädagogik für fortschrittlich hält, benachteiligt die Kinder aus bildungsfernem Milieu.«
>
> (Hermann Giesecke, 2003)

nen, sondern zu fordern – und diese Haltung stößt nicht bei jedem Jugendlichen auf uneingeschränkte Begeisterung. Aber auch dafür werden Lehrer bezahlt: dass sie Widerstand leisten – um Reifung zu ermöglichen. Sie dürfen ruhig als Bürde empfunden werden (Lernen *ist* oft auch mühsam), ja müssen bisweilen Bändiger sein können (wenn nämlich verzwei-

> *»Gerade das sozial benachteiligte Kind bedarf, um sich aus diesem Status zu befreien, eines geradezu altmodischen, direkt angeleiteten, aber auch geduldigen und ermutigenden Unterrichts.«*
>
> (Hermann Giesecke, 2003)

felte Lerner Nebenkriegsschauplätze schaffen). Das aber fällt meiner Zunft heute anscheinend schwerer denn je – der Lehrer unserer Tage möchte wohl zu sehr gemocht werden. In dem Filmprojekt »Rhythm is it!« hat der britische Tanzpädagoge *Royston Maldoom* (geb. 1943) auf den Punkt gebracht, dass solch' vermeintliche Kinderfreundlichkeit eine Sackgasse ist. Maldoom* hat erlebt und gezeigt, wie es Berliner Hauptschülern – einem zunächst schlaffen, aber umso schwatzhafteren Haufen – gelingt, eine Choreografie zu Strawinskys Ballett »Sacre du printemps« einzustudieren, für eine gemeinsame Aufführung mit den Berliner Philharmonikern. Die Jugendlichen haben sich dabei nicht nur äußerlich aufgerichtet; es keimten auch Ansätze zu neuem Selbstbewusstsein. Diese konstruktive Grenzüberschreitung hatten sie aber weniger der Musik zu verdanken als der Anleitung durch einen Pädagogen, der ihnen gleichermaßen beziehungsreich, ermutigend und streng gegenübertrat.

Vielleicht ist dies das Gemeinsame meiner pädagogischen Ahnen: dass sie im Beziehungsaspekt den Kern des Pädagogischen sehen – und damit auch einen maßgeblichen Schlüssel zu Lernerfolg und Lehrzufriedenheit. Natürlich können Pädagogen auch in den Bann ganz anderer Paten geraten. Zu denken wäre etwa an Bildungskonzerne (*Giesecke* spricht vom »pädagogisch-industriellen Komplex«), die offensiv das Hohelied vom innovativen Medieneinsatz sponsern. Oder Kultusbehörden, die angesichts klammer Finanzen allzu gerne in das Horn der Selbstlernmethodik tuten. Oder auch Bildungsjournalisten, die eigene Lerntraumata unkritisch in die Schuldebatte projizieren.

Aber die Parole »Mehr Material, weni-

> *»Man muss sie die Erfahrung machen lassen, dass sich durch harte Arbeit etwas erreichen lässt. Warum muss es denn immer lustig sein? Das Ernsthafte ist es, was Spaß macht! «*
>
> (Royston Maldoom, 2005)

ger Beziehung« führt eben ins Abseits – was Lehrer erfüllt und Schüler weiterführt, ist von ganz anderer Natur: das herzliche, gleichwohl uneuphorische Interesse des Erwachsenen an jungen Menschen, ob sie sich beim Lernen nun faul oder wissbegierig, angepasst oder unruhig gebärden. Jeder von ihnen ringt doch in seiner Art ums Großwerden, und wir dürfen sie dabei begleiten, unterstützen – und beeinflussen.

Paul etwa, das höchst pfiffige, aber hyperaktive Kerlchen – bisher kann er nur dann im Stören innehalten, wenn der Blick oder die Ansprache des Lehrers ihm gelten. Oder Sarah, die immer schon fleißig ist, wenn der Lehrer das Klassenzimmer betritt und die jeden seiner Fehler mit leisem Vorwurf aufspürt – noch ist sie sehr einsam und verkrampft. Und natürlich Koray, der tapfer und unbesehen die ungenügenden Klassenarbeiten in den Ranzen steckt, wie ein Boxer die Tiefschläge – bislang hat sein Lerntempo kaum mit dem seiner Schule zu tun. Tja, und auch die Gruppe der jungen Wilden: ständige Blicke, dauerndes Grinsen, manchmal ein Briefchen – wer die ans Lernen bekäme, hätte der Gesellschaft viel gegeben.

Vorbilder kann man nicht vorschreiben, sie werden individuell erkoren. Jeder Lehrer trifft eine solche Wahl, bewusst oder unbewusst – aber davon hängt viel ab, für ihn und für seine

Schüler. Wer Lernende durch die richtige Brille sieht und eine unverkrampfte Einstellung zu pädagogischer Führung hat, der ist den Belastungen des Schulalltags einfach besser gewachsen – etwa den bis zu 6.500 verschiedenen Reizen eines Vormittags. Er vermag seine Schüler bei ihren Mühen mit dem Lernen und Reifen auch effektiver zu unterstützen – selbst die schwereren Fälle. Und nicht zuletzt ist er hinreichend immunisiert – denn bildungspolitische Infektionskrankheiten lauern allenthalben.

2. Selbstlernen ist zu wenig!
oder: Zur Überschätzung von Methoden

Fußangeln gibt es in der Schuldebatte viele – eine ist die Methodenfrage. Jeder hat schon 'mal die Geschichte von den 4 % gehört: Angeblich wisse man am Anfang des Berufslebens nur noch einen Bruchteil dessen, was in der Schulzeit an Stoff behandelt wurde. Ebenso bekannt: die Parole von der sich verkürzenden Halbwertszeit des Wissens. Und deshalb erscheint vielen der Schluss sehr plausibel, dass es auf Kenntnisse gar nicht so ankomme. Hauptsache, man habe die richtigen Methoden gelernt, sich Informationen zu besorgen und intelligent zu nutzen. So weit, so naiv.

Auch in Schulfragen gibt es Stammtischparolen – aber man muss ihnen ja nicht erliegen. So spricht die seriöse Lehr-Lern-Forschung eine ganz andere Sprache – sie zeigt, dass für das Können vor allem eines bedeutsam ist: das Wissen*. Entscheidender Schlüssel zu jeder Leistung ist eine gut strukturierte Basis an bereichsspezifischen Kenntnissen – dieser Faktor wiegt sogar stärker als die allgemeine Intelligenz. Der alte Schüler-Kalauer »Je größer die Insel des Wissens, desto länger die Küsten der Verzweiflung« entbehrt insofern jeder

Lernpsychologie: Je dichter und intensiver die Verknüpfung von Wissensfragmenten, desto leichter deren Verfügbarkeit wie auch das Implementieren neuen Wissens.

Angesichts des derzeitigen Methodentaumels, insbesondere der Selbstlerneuphorie, klingt das zunächst irritierend. Aber wusste man nicht insgeheim um die Windigkeit der trendigen »Lernen lernen – workshops«? So sinnvoll es ist, bedeutsame Textpassagen zu unterstreichen oder Ergebnisse zu überprüfen: Es macht keinen Sinn, dies an einem isolierten

In der Arbeitsagentur:
»Na, was haben wir denn gelernt?«
»Tja, das Lernen!«
»Wie, sonst nichts?«

Selbstlerntag im 5. Schuljahr an Scheinstoffen zu pauken – und zu hoffen, diese Fertigkeit halte dann ein Lernleben lang. Metastrategisches Wissen lässt sich eben nicht direkt lehren, man kann es nur in konkreten Inhaltskontexten entwickeln, quasi indirekt – genauso, wie man ohne Holz schwerlich sägen oder hobeln kann. Die Aufgaben selbst müssen die Anwendung bestimmter Strategien erfordern oder nahe legen. Metawissen ist ein wertvolles Nebenprodukt – aber kein primäres Lernthema. Oder nehmen wir das Beispiel Gruppenarbeit: Sie mag das Lernklima durchaus auflockern – ein

Lerngewinn für Schüler findet aber nur statt, wenn ihre Aufmerksamkeit dabei auch den richtigen Inhalten gilt.

Die Inseln des Wissens

Seit mindestens zehn Jahren versucht man uns weiszumachen, die Schule kranke an überholten Paukformen, der Unterricht leide unter Methodenmangel, die Schüler brauchten mehr Eigenverantwortlichkeit. Die Forschung aber betont, dass nicht *eine* Unterrichtsform besonders lernwirksam ist, sondern viele – nämlich all' diejenigen, die »ein hohes Maß an themenbezogener Schüleraktivität mit einem hohen Maß an schülerorientierter Lehrersteuerung verbinden« (*Franz E. Weinert**). Das ist schon die ganze Weisheit; ziemlich unspektakulär – und kein Wort von Spaß, keinerlei Betonung von Selbstbestimmung! Als vorrangig erfolgsrelevant gilt vielmehr dreierlei: die Qualität des Vorwissens, ein angemessenes Anforderungsniveau sowie ausreichende Gelegenheit zur Automatisierung. Welch' überraschende Melange aus Tradition und Präzision!

Dass das Vorwissen bereits die halbe Miete ist, gleicht einer Ohrfeige ins Gesicht aller Selbstlernfreaks. Dabei liegt es eigentlich auf der Hand: Wie gut einer die gestern gelernte Grundregel kapiert hat, davon hängt sein Verständnis der heutigen Spezialbeispiele ab. Was er zu Beginn eines Schuljahres noch vom letzten kann, das bestimmt seinen Lernerfolg im nächsten Quartal – und zwar stärker als die Art des erteilten Unterrichts. Je weniger aber ein Kind in der Grundschule Lesen, Rechnen und Ordnung halten gelernt hat, umso gefährdeter sein Einstieg in die weiterführende Schule. Und je öfter Drei- bis Fünfjährige selbst entscheiden durften, ob sie lieber im Matsch toben oder mit anderen basteln wollen, umso häufiger haben sie wichtige feinmotorische Schulvorbereitungen wie Stiftführung oder Scherengebrauch verpasst. »Neues Thema, neues Glück«, diese Rechnung vieler Schüler geht de facto nur selten auf. Nur dann vermag man neue fachliche Inhalte aufzugreifen und zu internalisieren, wenn diese an vorhandenes Wissen und Können anschließen. Wie beim Hausbau: Ohne Verankerung kein Balkon, ohne Fundament keine Wand.

Vorwissen, das heißt natürlich mehr als »da war 'mal 'was«. Das Beherrschen des Einmaleins, das Lesen von Schaubildern, die Kenntnis von Vokabeln, dies alles erfordert eine Menge Übung – und die kann auch einmal stupide sein. Wer aber um Automatisierung einen Bogen macht, bleibt bei späteren Lernschritten immer wieder in halb- oder kaum automati-

sierten Abläufen stecken. Dass viele Didakti-
ker das Verstehen lange Zeit dem Trainieren
vorzogen, war ein Irrtum: Bewusste Einsichten
sind die Folge implementierten Prozesswissens
– und nicht deren Voraussetzung. Eine Regel
anwenden, das können Schüler bereits lange,
bevor sie sie zu formulieren vermögen. Dass
solches Training umso effizienter ist, je ab-
wechslungsreicher man es anlegt (»intelligen-
tes Üben«), braucht nicht betont zu werden.

Allerdings liegt auch gut Gelerntes keineswegs gebrauchsfertig in den Schülerhirnen
vor, quasi auf Abruf – selbst, wenn sich Lehrer oft dieser Illusion
hingeben. Aber man
kann Vorwissen ja mit
Genuss aktivieren! Was
Grundschülern ihr be-
liebtes Eckenrechnen,
das könnten im Sekun-
darbereich regelmäßi-
ge Miniselbsttest sein:
Nicht weitere benotete
(und korrekturaufwändige) Klassenarbeiten,
sondern kurze schriftliche Lernstandserhe-
bungen, in Eigenregie und Partnerarbeit ausge-
wertet: drei Wiederholungsfragen am Anfang
vieler Stunden, eine gemeinsame Zusammen-
fassung am Stundenende, ein Resümee als

Unter Kollegen:
»Mein Unterricht beginnt
jetzt immer mit einer
meditativen Traumreise.«
»Und, sind zum Klingeln
auch alle Schüler wieder
zurück?«

Wochenabschluss. Eine wunderbare Idee von *Martin Wellenreuther*, sehr motivierend, ziemlich aktivierend, dazu recht diagnostisch.

Je heterogener die Lerngruppe, desto schwieriger zweifellos die Wahl eines optimalen Anforderungsniveaus. Die goldene Mitte zwischen Über- und Unterforderung eben: Schüler brauchen Aufgaben, die sie nicht auf Anhieb lösen können, für deren Lösung sie aber genügend Vorwissen mitbringen. Das Problem dabei: Das obere Leistungsviertel einer Lerngruppe langweilt sich schnell, während das untere über kurz oder lang aufgibt. Und hier lauert »Individualisierung«, eine Art Trojaner: Man verpasse doch einfach jedem Schüler sein individuelles Arbeitsblatt! Eine Schnapsidee? Zuletzt warf sich dafür *Rupert Murdoch*, umstrittener Medienoligarch, ins Zeug, ganzseitig in einem deutschen Leitmedium: Heute könne doch auch jeder Konsument sein persönliches T-Shirt ordern, just in time – nur die Schule sei noch ein Hort des Massentrotts. So ein Wirtschaftsmensch hat natürlich seinen Tunnelblick – und seine Vision vom parzellierten Klassenraum würde ja auch ein riesiges Lernmediengeschäft bedeuten. Aber das ist nicht einmal das stärkste Argument gegen solch' neoliberale Lernkonzepte. Wollen wir wirklich, dass sich das Karussell von Konsum und Konkurrenz jetzt auch schon in der Reifungszeit – bisher ein Vorhof des Ökonomischen – dreht? Dabei würden unterschiedliche Lerntempi wunderbar natürliche Tummelfelder für gegenseitige Hilfe eröffnen – der schnellere greift dem langsameren unter die Arme, und beide profitieren davon. Aber solch' solidarische Perspektive findet derzeit höchstens verschämte Fürsprache. Irgendwie paradox: Auf Unterrichtsebene wird Vereinzelung propagiert, während man auf Schulstrukturebene »länger gemeinsam lernen« skandiert.

Dabei wäre individuelle Förderung auch ohne Atomisierung denkbar: Man kann durchaus über lange Strecken mit der ganzen Klasse am gleichen Thema arbeiten, dabei aber auch offene Aufgabenstellungen nutzen (mit Lösungen auf unterschiedlichen Niveaus), zeitweise eine Teilgruppe Lernschwacher spezifisch unterstützen, auch leistungsstarke Schüler als Lernhelfer einsetzen, Interessierten ab und zu herausfordernde Spezialaufgaben anbieten. Darüber hinaus kann die Schule als Lerngemeinde ak-

> *Der neue Lehrer stellt sich vor: »Ich mag Fehler, daraus kann man viel lernen.« Rückfrage von Murtaz: »Kann man bei ihnen auch gute Noten kriegen, wenn man keine Fehler macht?«*

tiv werden – indem sie zusätzliche Stütz- und Neigungskurse organisiert. Und mindestens ebenso wichtig wie solch' behutsame Differenzierung wäre die emotionale Förderung, das Lernklima.

Das Feld der Beziehung

Lernklima, das meint natürlich mehr als Fehlerfreundlichkeit. Es umfasst alles, was ich zuvor als Beziehungsaspekt bezeichnet habe – Entwicklungspsychologen würden von der Bindungsdimension des Unterrichts sprechen. Aber was heißt das eigentlich: Beziehung, Bindung? Kündigt sich da weitere Belastung an? Wo man ohnehin schon zeitlich kaum zu Rande kommt mit dem Lernstoff, den Klassenstärken, den Korrekturbergen! Jetzt auch noch mehr quatschen und kümmern, oder wie?

Es ist kein Wunder, wenn das Beziehungshafte in der schulpädagogischen Debatte wie ein Fremdkörper anmutet. Technokratische Floskeln, die sind wir gewohnt, sie umspülen unser Ohr ebenso penetrant wie erlösungsgewiss: Struktur, Leistung, Schema, Evaluation, Selbstständigkeit. Aber ist es nicht eine eigentümliche, ja vielfach befremdende Sprache, die man da oft zu hören bekommt? Warum ist eigentlich – wenn über die Verbesserung von Schule nachgedacht wird – so wenig von

Menschen die Rede, von ihren Gefühlen, von ihrem Kontakt miteinander? Warum kreisen Bildungsreformen so selten um die Beziehung des Lehrers zu seinen Schülern? Die Menschen sind es, die das Gemeinwesen ausmachen, und nicht die Mauern – formulierte bereits *Thukydides*. Die Gesinnungen müsse man ändern, nicht die Maßnahmen – so *Albert Schweitzer*. All' die bunten, gehaltvollen und kostspieligen Lernmaterialien, sie bleiben doch wirkungsarm, wenn Schüler zu wenig Erwachsene finden, die sie fragen können, die ihnen gerne etwas erklären; die sich nicht über ihre Begriffsstutzigkeit, ihr pubertäres Rumoren ärgern; die sich für ihre Meinung über die Dinge, für ihre Schwierigkeiten beim Lernen interessieren; die sie ermutigen, eine zu schwierig erscheinende Aufgabe doch in Angriff zu nehmen. Die Forderung nach mehr Beziehungshaftigkeit ist keineswegs ein Plädoyer für permanentes Lehrer-Schüler-Gerede; es geht vielmehr um die ganze Palette von Aktivitäten, mit denen ein Lehrer seinen Schülern zeigt, dass ihm ihr spezielles Vorankommen wichtig ist.

Aktuelles Beispiel: Der Trend zu individueller Förderung. Der Grundgedanke – die Unterstützung des Einzelnen – ist ja für die Pädagogik nichts Neues – armselig allerdings, wie heute oft darüber geredet wird. O-Ton aus einem nordrhein-westfälischen Schulamtsblatt*: Nach »Schaffung einer positiven Lernkultur« führe man zunächst eine »ressourcenorientierte Beratung auf systemisch-lösungsorientierter Basis« durch, aus der dann ein »bedarfsorientiertes Training nach dem Mini-Max-Prinzip« konzipiert werde, ergänzt durch die »Vermittlung lernstilorientierter Strategien«, »metakognitiver Kontrollstrategien« sowie »motivational-volitionaler Stützstrategien«. Vergleichsweise bescheiden dann die finale Empfehlung für's konkrete Tun: Die Schüler sollten Lerntagebücher führen! Abgesehen davon, dass derlei Selbstreflexion ohne ständige Lektüre des Lehrers ganz schnell wieder versandet: Rufen solche Wortkaskaden pädagogischer Bürokraten eigentlich Förderlust oder nicht eher Gänsehaut hervor? Dabei wäre Förderung doch viel direkter, menschlicher, beziehungsreicher denkbar.

Müssten wir nicht in Bildungsfragen einen neuen Ton anschlagen? Die Wirksamkeit von Schule hängt entscheidend davon ab, wie der Lehrer das Verhältnis zu seinen menschlichen »Objekten« sieht und gestaltet. Alles bildende und erzieherische Wollen funktioniert zunächst über den zwischenmenschlichen Kontakt – das gut gestylte Arbeitsblatt oder der freundlich-mahnende Schul-Vertrag sind dagegen nur Sekundärmedien. Deshalb erzielt ein jähzorniger Gesamtschullehrer ebenso bescheidene Fördereffekte wie ein dünkelhafter Studienrat am Gymnasium, bringt ein engagierter Hauptschullehrer hingegen manch' pädagogisches Wunder zustande.

Eigensinnig, ja geradezu ein wenig aufständisch wäre also zu sagen: Auf das Beziehungsmäßige kommt es an! Auch Psychologie gehört ins Klassenzimmer, nicht nur der Methodenordner! Und dafür schaffe ich mir Freiräume: mein Feingefühl zu schärfen, ein Bewusstsein zu entwickeln für die eigenen Gefühle beim Unterrichten wie auch die gefühlsmäßige Resonanz auf Schülerseite. Dann steigen auch die Chancen, dass mein pädagogischer Eros nicht länger in Missverständnissen, Ärger und Überforderung ertrinkt.

Der Sumpf der Eigenverantwortung

Kommen wir nochmals zur Gretchenfrage unserer Tage: Wie hältst du's mit dem selbstständigen Lernen? Gewiss kann Lernen nur dann stattfinden, wenn der Lernende selbst aktiv wird. Aber solche Eigentätigkeit hat doch vielfältigste Formen, muss keineswegs Einsamkeit und Lehrerferne bedeuten: Fragen stellen, über Lehrererklärungen nachdenken, Mitschülern zuhören, etwas ausrechnen, einen Text formulieren. Themenbezogene Schüleraktivität, die angemessen und schülerorientiert vom Lehrer gesteuert wird – darunter fällt eben sehr vieles: die Arbeit japanischer Schüler mit offenen Matheaufgaben ebenso wie ein vom Lehrer spannend inszeniertes Unterrichtsgespräch über ein Gedicht an einem bayerischen Gymnasium, oder auch ein Gruppenpuzzle in einem Kölner Kunstgeschichtskurs. In der Frage der Lerneffizienz gibt es keinen Königsweg, sondern – von Abwegigkeiten abgesehen – verschiedene Hauptwege. Entscheidend ist, dass die Schüler genügend herausgefordert, begleitet und unterstützt werden.

Irgendwie kann man sie ja verstehen, die landläufige Beschwörung von Eigenverantwortlichkeit: Endlich kommt Leben in die meist abwartende, allzu gerne abschweifende Schülerschaft! Aber diese Hoffnung ist oft trügerisch. Pädagogische Zurückhaltung mag Abiturienten beflügeln, Pubertierenden hingegen entzieht sie wichtige Orientierung. In Selbstlernphasen machen schwächere Schüler um schwerere Aufgaben gerne einen Bogen, mit engerer Anleitung hätten sie weiter kommen können. Und beim Stationenlernen sind die Jugendlichen zwar ständig beschäftigt, stellen aber ohne Unterrichtsgespräch nur selten gedankliche Zusammenhänge zwischen den

Lernportionen her. Überhaupt ist die behauptete Selbstständigkeit häufig nur Etikett: Allzuviel ist bereits vorgedacht, herausfordernde Problemstellungen und ungeplante Lösungswege sind dagegen kaum vorgesehen. Was besonders anstößig ist: Die pädagogische Selbstlerneuphorie geht gerade zu Lasten der schwächeren Schüler. Kinder solcher Familien haben nämlich – darauf weist

> *»Offener Unterricht (...) hindert die Kinder mit von Hause aus geringem kulturellen Kapital daran, ihre Mängel auszugleichen, während sie den anderen kaum schadet.«*
> (Hermann Giesecke, 2003)

Hermann Giesecke unermüdlich hin – nur die Schule, um sich von ihrem Sozialmilieu zu emanzipieren und eine innere Gegenwelt aufzubauen.

Aber nicht nur Kindern aus bildungsfernen Milieus erwachsen Probleme aus dem schulischen Selbstständigkeitstrend. Psychoanalytiker wie Neurobiologen kritisieren am lehrerarmen Lernen etwas Prinzipielles: Dass es die Heranwachsenden des menschlichen Gegenübers beraube – damit sei es oft überfordernd und verarmend zugleich. Dabei verkörpert die Person des bildenden Erziehers in einer Weise Echo, Ermutigung und Herausforderung, wie dies kein Arbeitsblatt oder Aufgabenkatalog –

und auch kein gleichaltriger Mitschüler – leisten kann. Die stärkste Motivationsdroge für den Menschen bleibt eben sein menschliches Gegenüber: ein Lehrer, der sowohl Vorbild ist als auch Potenziale spiegelt; der nicht nur Interessen und Bemühungen stimuliert, sondern auch Halt in Entwicklungswirren bietet; der seelische Reifung insgesamt befördert.

Die Forschung attestiert dem eigenverantwortlichen Arbeiten denn auch nur dann Lernwirksamkeit, wenn die Arbeitsmaterialien so gestaltet sind, dass nun sie Lenkung und Echo beim Lernen übernehmen. Aber auch dieser Wechsel von Personenlenkung zu Papiersteuerung hat Grenzen – bei längerer Selbstständigkeit sinkt die Lernlust rapide, den Schülern fehlt die personale Resonanz auf ihre Bemühungen (»Lernen in der Ankreuzschleife«). Junge Menschen wollen eben spüren, dass sie als Einzelne dem Erwachsenen etwas wert sind – als Paula oder Paul, nicht als Teil eines Haufens von Arbeiterameisen. Dann mögen sie sich auch für ein uninteressantes Fach erwärmen, stellen sich auch einer anstrengenden Aufgabe, akzeptieren auch eine schlechte Note.

Die vollmundige Vision vom »mündigen Schüler«, das konstruktivistische Paradigma der Selbstsozialisation scheitert schlichtweg an den Menschen selbst, ist »antipädagogische

Hoffnungslogik« (*Dieter Neumann*). Natürlich ist der Gedanke verführerisch, Selbstständigkeit entstehe am ehesten durch Selbstständigkeit – angesichts der täglichen Disziplin- und Motivationsmühen sind starke Entlastungswünsche beim Lehrer höchst verständlich. Letztlich handelt es sich bei solch »erzieherischem Münchhausentum« (*Roland Reichenbach*) indes um einen gedanklichen Kurzschluss, um »pädagogischen Kitsch« (*Johannes Bilstein*): In Bildungs- und Erziehungsfragen ist der Weg eben nicht das Ziel.

Aber wie gesagt: Womöglich geht es auch um mehr. Winkt nicht der Bildungsindustrie bei neuen Lernformen ein phantastisch schöner neuer Markt – den Schulbuchverlagen, den Produzenten von Lernsoftware, den Computerherstellern? Und der »pädagogisch-industrielle Komplex« (*Hermann Giesecke*) reicht ja noch viel weiter. Je selbstständiger Schüler lernen, umso häufiger muss man ihre Leistungen auch testen. Tests entwickeln, durchführen und auswerten – das wiederum verspricht nicht nur neuen Profit, sondern erfordert auch eine Anpassung der Schule an die Logik der Kennziffern.

Indes, es gibt auch Hoffnungsschimmer. *Hilbert Meyer*, lange Zeit eine Art Papst der Lehrerausbildung in Deutschland, hat sich bemerkenswert selbstkritisch vom schulischen Selbstständigkeitstaumel distanziert*. »Ich muss auf meine alten Tage umlernen ... Über positive Effekte von Freiarbeit und offenem Unterricht findet sich in den vorliegenden Studien eher wenig. Und das wenige führt zu keinen eindeutigen Ergebnissen.« Auch darin kann eben Fortschritt bestehen – im Eingeständnis von Irrtümern oder Übertreibungen, in der Rehabilitation von Sündenböcken. Ähnlich ist man ja in Sachen Finnland zurückgerudert: Zunächst hieß es, der gute Lernstand im hohen Norden sei eine Folge des Gesamtschulsystems; mittlerweile gilt eher die hohe Förderqualität als Ursache – und womöglich der allgegenwärtige Frontalunterricht.

In die gleiche Richtung weist die brandaktuelle XXL-Metastudie *Visible Learning*, umfangreicher als bisherige Datensammlungen sowie mit einer neuen Ergebnisstruktur. Der neuseeländische Forscher *John Hattie* hat sich nicht im Gewirr der 138 Einflussfaktoren verheddert, von denen über 50.000 Einzelstudien jeweils mehr oder weniger große Wirkungen behaupten. Er fragte vielmehr: Was davon wirkt nachhaltig, hat also eine besonders hohe Effektstärke (»What works best?«)? Und unter dieser Prämisse trennten sich Spreu und Weizen. Als besonders wirkungsmächtige Faktoren arbeitete er heraus: strukturierte, klare und störungspräventive Unterrichtsführung; zugewandtes, ermutigendes, fehlerfreundliches und unterstützendes Lernklima; eine breite Palette an aktivierenden Lehr-Lern-Strategien; evaluative Vorgehensweisen, also das Einholen möglichst vielfältiger Informationen über Vorwissen, Arbeitsprozesse und Lernerträge der Schüler; schließlich hochwertige fachliche Materialien und Programme zur spezifischen Unterstützung leistungsschwächerer Schüler.

Auf das erlernbare Handeln der Lehrer kommt es also an: Dass sie das Vorwissen für neue Lernschritte bei Ihren Schülern nicht einfach voraussetzen (Startillusion), sondern in Erfahrung bringen und rechtzeitig und phantasievoll aktivieren. Dass sie nicht der gemütlichen These anhängen, Kindern wüssten selbst am besten, was gut für sie sei (Autonomieillusion), sondern deren entwicklungspsychologischem Bedürfnis nach Anleitung, Erklärung und Orientierung nachkommen. Dass sie sich nicht mit zwei, drei bestätigenden Schülerantworten zufrieden geben (Verständnisillusion), sondern eine Palette an Verstehens-, Trainings- und Überprüfungsaktivitäten organisieren. Dass sie die Perspektive ihrer lernenden Schüler einzunehmen vermögen, und diesen die Perspektive des unterrichtenden Lehrers klar machen. Dass sie leidenschaftliche Erzieher und Erklärer sind, die sich mit ihren Schülern auf eine je individuelle Reise begeben – und sie dabei mit ihrer Wissensbegeisterung anstecken.

Die Hattie-Studie ist beileibe kein Freibrief für monotonen Lehrervortrag – aber eine Absage an jede Selbstlernidyllik. Umgekehrt ist lehrerarmes Lernen zwar kein Teufelszeug – aber eben auch kein neues Patentrezept. Fachleiter mit Eigensinn und Weitblick raten ihren Referendaren mittlerweile, sich nicht irgendwelchen Methoden-Moden zu unterziehen; jeder müsse vielmehr den Methoden-Mix herausfinden, der zu seiner spezifischen Schülerklientel und zu seiner eigenen Person passt. Nicht ob Schüler sich selbst steuern, ist entscheidend für ihren Wissenszuwachs, sondern ob sie sich hinreichend aktiv und anspruchsvoll mit Lernthemen auseinandersetzen.

> *»Erfolgreicher Unterricht kann auf sehr verschiedene, wenn auch nicht beliebige Weise realisiert werden.«*
>
> (Franz E. Weinert, 1997)

3. Ohne Leitwolf geht es nicht!
oder: Ein Plädoyer für Führungsfreude

Halten wir fest: Aus dem Sumpf unverschuldeten – weil entwicklungsbedingten – Unwissens können sich die Schüler kaum selbst herausziehen. Bildungsbedürfnisse, ja Bildungsehrgeiz, das kann nur jemand hervorrufen, der selbst begeistert Bildung verkörpert. Wir müssen also über Lehrer reden, über ihr Selbstverständnis, über ihre Leitungsqualitäten. Und was zeigt ein nüchterner Blick in Deutschlands Klassenzimmer? Vielfach herrscht eine Art Führungskrise, scheint die pädagogische Identität einen Knacks zu haben, wirkt die Zunft seltsam verschämt – eine Art Erosion der Lehrerwürde. Das Prinzip des lehrergeleiteten Lernens gilt weithin als fragwürdig, in disziplinarischer Hinsicht wird oft eher gezaudert als zugepackt, die pädagogische Grundstimmung ist nicht anspruchsfreudig, sondern konsensheischend. Man hört häufig »Bitte!« und oft den Konjunktiv (»Würdest du vielleicht ...«). Aber können schwache Anführer wirksam begeistern – zumal für Durststrecken? Warum dieses Rollenfremdeln?

Anders als etwa in Finnland, wo Bildung im Laufe der Nationalgeschichte auch den Beigeschmack des Emanzipierens bekam (nämlich von russischer Fremdherrschaft), war hierzulande das Lehrerimage auch früher keineswegs gut, sondern höchstens ambivalent. Schon zu Kaisers Zeiten genossen Lehrer nicht nur Respekt, sondern hatten auch mit Ressentiments zu tun. Das Handwerk des Reglementierens von Kindern erschien nötig, war aber nicht beliebt – zudem galten Schulmeister vielen nur als Halbkönner. Auch in der Nazizeit erwies sich der Lehrerstand nicht als Leuchtturm – umso heftiger dann nach 1968 die politökonomische Autoritätsschelte: Schule sei ein Gefängnis, der Lehrer ein Agent des kapitalistischen Staates, *Unter*richt das Gegenteil des gebotenen *Auf*richtens. Mittlerweile sehen wir wieder klarer: Schule ist eigentlich eine Art Ausbruch – aus innerer Unmündigkeit –, guter Unterricht doch gerade Be-Geisterung! Gleichwohl ist die modische Selbstlerneuphorie – ob sie nun unter SOL (selbstorganisiertes Lernen), LOL (Lernen ohne Lehrer) oder auch EVA (eigenverantwortliches Arbeiten) firmiert –

> *»Die verdammten Bildungsreformer, diese Landplage, wollen die Lehrer abschaffen; die würden ja selbst Einstein nach Hause schicken, weil es undemokratisch ist, sich von Einstein Physik erklären zu lassen.«*
>
> (Harald Martenstein, 2010)

auch eine späte Blüte dieser antipädagogischen Verunsicherung.

Die für komplexe menschliche Systeme typische »Logik des Misslingens« (*Dietrich Dörner*) kann eben auch im Pädagogischen zuschlagen. Wuchsen die Kleinen früher vielfach in Angst und Schrecken vor autoritären Erwachsenen auf, geraten sie heute nicht selten selbst zu kleinen Tyrannen (*Michael Winterhoff*). Konnten Lehrer und Erzieher früher auf die intergenerationale Ausrichtung der Heranwachsenden setzen, haben sich die Verhältnisse heute vielfach umgekehrt: Die Erwachsenen orientieren sich nun an den Kindern; sie wollen ihnen entgegengehen, statt ihnen verlockend voranzuschreiten; sie machen sich selbst das Leben schwerer, damit diese es leichter haben. Die ältere Generation ringt gewissenmaßen um die Anerkennung der jüngeren – und begibt sich dadurch kostbarer Prägungschancen.

Dabei sind Schüler – ob sie nun die Grundschule besuchen, in der Pubertät sind oder Abitur machen – auf ein menschliches Gegenüber angewiesen, das sich nicht nur für sie interessiert und ihnen Zugänge zu Unbekanntem eröffnet, sondern sich auch ihren verständlichen Ausweichmanövern entgegenzustellen vermag. Wer Bildungslandschaften nur als triple-A-countries denkt – alles sei Angebot, alles genieße Akzeptanz, überall herrsche Autonomie –, muss mit heftigen Missernten rechnen. Heutige Schüler brauchen als Lehrer vielmehr 4B-Typen: beim Lernen ein freundlicher Begleiter, aber auch ein Brückenbauer in neue Wissenssphären; bei Lernmühen bisweilen eine Bürde – und bei Lernrevolten gelegentlich ein Bändiger. Lehrer müssen etwas scheinbar Paradoxes leisten: Kindern nämlich gleich und ungleich zugleich zu begegnen.

> »Die Erwachsenen im Westen denken, dass sie alle Unannehmlichkeiten ertragen müssen, damit es den Kindern gut geht. Das Ergebnis sind Kinder mit zu wenig Verantwortungsbewusstsein.«
> (Majid Majidi, 2002)

Das ist keineswegs ein Aufruf zu einer Rückwärtsrolle in die Zeit wilhelminischer Prügelpädagogik, sondern der Anstoß zu einem überfälligen Relaunch des Lehrerbildes – ein Plädoyer für Führungs- und Anspruchsfreude, das den Lehrer aus seiner Defensivecke herausholt. Er steckt die Leitplanken für alle ab, zeigt aber auch jedem Einzelnen bislang verborgene Potenziale, die oft nur unter Belastung zu Tage treten. Selbststeuerung dagegen funktioniert nur mit einem Mindestmaß an Basiskenntnissen und Reife bei den Schülern. Im Übrigen darf man differenzierte Lehrerlenkung nicht mit Lehrer-

monolog oder Kasernenhofton verwechseln –
'mal versprechen Klassengespräche die größte
Lernwirksamkeit, 'mal ein Gruppenpuzzle.

Ja, aber die vollen Klassen!? Gewiss, mehr
Zeit für das einzelne Kind ist nie verkehrt. Aber
selbst größere Gruppen kann man so führen,
dass sich jeder Einzelne durchgängig gemeint
fühlt: wenn er immer wieder angesprochen
wird; wenn er stets etwas Sinnvolles zu tun hat;
wenn er merkt, dass der Lehrer alles mitbe-
kommt. *Dollase* nennt das die psychologische
Reduzierung der Gruppengröße. Solches class-
room management* erspart einem jede Menge
Störungen – und steigert damit die Lernzeit er-
heblich. Und ein Eingehen auf Einzelne wird ja
erst dann möglich, wenn eine ruhige Arbeitsat-
mosphäre herrscht.

Führungs- und Anspruchsfreude – sie erleichtern das Lernen eben, sobald es kein Kin-
derspiel mehr ist. Beim Thema Hausaufgaben
etwa könnte man sich manchen Kampf (und
nachfolgende Verzweiflung) sparen – statt un-
ablässiger Einladungen (»Würdest du bitte ...«)
oder penetranter Einsichtsappelle (»Weißt du,
das ist wichtig, weil ...«) wären klare Spielregeln
vonnöten: »Einmal ist kein Mal, jeder vergisst
schließlich 'mal 'was – dreimal aber ist einmal zu viel, dann wird nach dem Unterricht
nachgearbeitet!« Wer deutliche Erwartungen

und Grenzen absteckt, muss auch nicht resignieren – und anschließend aus der Not eine Tugend machen und behaupten, Hausarbeit bringe doch sowieso nichts. Muss man nicht über jede Stunde froh sein, die man Jugendliche ihrer Fußgängerzonenbanalität und Ballerakrobatik entreißen kann? Hausaufgaben sind keine Strafe, sondern eine Trainingschance – nur darf man nicht erwarten, dass Schüler Paradieswesen wären: Sie lernen – zumal in den (früher so genannten) Flegeljahren – nicht nur, wenn's interessant oder erfolgversprechend ist, sondern auch für gute Noten, oder wegen der Anerkennung des Lehrers – oder um Sanktionen zu vermeiden.

Das riecht jetzt aber schwer nach Strenge – darf man derlei denn noch gut finden? Das kommt darauf an. Kalte Strenge, die mit Demütigung und Beschämung einhergeht, die vor allem Unterdrückung ist – mit dieser Haltung ist wirklich keinem gedient, weder dem über die Stränge schlagenden Schüler, noch dem um Lernerfolg bemühten Lehrer. Aber gibt es nicht auch so etwas wie herzliche Strenge? Eine wohlwollende Haltung, die jedem Lernflüchter signalisiert: Vorsicht, Leitplanke, wenn du nicht umsteuerst, holst du dir an mir vielleicht eine Beule – aber dafür wickelst du dich auch nicht um den nächsten Baum.

Auch wenn Strenge manchem als verbrannter Begriff erscheint: Die alte Hauptbedeutung von »streng« ist keineswegs anrüchig; der Begriff bezeichnete Eigenschaften wie stark, tapfer oder tatkräftig, und »sich anstrengen« hieß ursprünglich so viel wie »die Kräfte spannen«. Lassen wir uns also die Begriffe nicht wegen ihrer Entartungen aus der

> *»Ein strenger Lehrer kann auch nett sein, der ist wie ein Eimer Wasser, da hört man sofort auf zu träumen.«*
>
> (Andreas, 13, 2001)

Hand nehmen! Und geben wir in dieser Frage – um mit dem Reformpädagogen Freinet zu sprechen – ruhig den Kindern selbst das Wort. »Ein strenger Lehrer kann auch nett sein, der ist wie ein Eimer Wasser, da hört man sofort auf zu träumen«, bekommt man dann zu hören. Oder: »Streng, das ist, wenn du Scheiße baust, und dem Lehrer ist das nicht egal, der sagt dir dann, was du tun sollst und welche Strafe es gibt.«

Hier redet die Jugend keineswegs der Renaissance eines autoritären Paukstils das Wort – sie will durchaus nicht bei Fehlern heruntergemacht oder bei jedem Muckser angemotzt werden. Grundsätzlich soll der Lehrer freundlich sein; er soll sich aber auch trauen, ihnen Widerstand zu leisten – also das Aushalten von

Belastungen einfordern und auf dem Einhalten von sozialen Regeln bestehen. Mit diesem Bedürfnis nach einer coolen, sie gleichwohl haltenden Gegenmacht – und weniger nach Augenhöhe – trifft die Jugend indes auf eine schwache Stelle der pädagogischen Zunft: Das Drama des modernen Lehrers ist, dass er mit seiner Rolle als Erwachsener hadert, dass er glaubt kein Wegweiser sein zu dürfen, dass er unbewusst von seinen Schülern geliebt werden möchte, dass er insgeheim um deren Wohlwollen buhlt, dass er ein Harmonieproblem hat. Eltern dagegen würden das entschiedene Führen ihrer Kinder befürworten – sei es aus Weitblick, sei es angesichts eigener Erziehungsschwäche. Eine eigentümliche Szenerie also: Die jungen Bäumchen selbst ermuntern den Gärtner, er möge sie anbinden – natürlich nur vorübergehend und bitte rindenschonend. Im gefeierten Tanzprojekt »Rhythm is it!« formulierte *Royston Maldoom* es so: »Heranwachsende wollen gar nicht frei sein, sie wollen stark werden.« Schüler wissen genau, dass die Schule auch ein Ort der Zumutung sein muss – aber die Schuldebatte hat dieses Bedürfnis lange unterschätzt, wenn nicht gar verachtet.

> »*Heranwachsende wollen gar nicht frei sein, sie wollen stark werden.*«
> (Royston Maldoom, 2005)

Was schien eigentlich so verkehrt am Lehrer Lämpel, diesem förmlichen Gegenbild der Zunft? Dass er sich für einen Wissenden hielt? Dass er mit dem Zeigefinger auf Interessantes zeigte oder zu Konzentration anhielt? Dass er gelegentlich auch Widerstand erzeugte? Eigensinnig zu unterrichten, das heißt auch, sich von Autoritätstabus nicht länger blenden zu lassen. Herzliche Strenge in der Schule, das ließe sich ganz unaufgeregt verstehen: nicht als zynische Bestenauslese wie bei *Judith Schalanskys* Biologielehrerin, sondern als pädagogische Haltung, die Kindern und Jugendlichen vieles zutraut – und ihnen unbeirrt dabei hilft, an Beschwerlichem zu wachsen. Ein guter Lehrer, das ist jemand, der seinen Schülern nicht nur die Hand bietet, sondern auch die Stirn. *Albert Camus* jedenfalls war seinem ebenso zugewandten wie strengen Primarlehrer lebenslang dankbar – gleich nach der Verleihung des Nobelpreises schrieb er ihm: »Ohne Sie wäre nichts von alledem geschehen.«

> *»Man kann jungen Leuten gegenüber so tun, als sei Disziplin nicht wichtig im Leben, aber das wäre unfair. Sie wollen gar nicht frei sein – sie wollen herausgefordert werden, damit sie nachher stark sind.«*
>
> (Royston Maldoom, 2005)

4. Mehr Ermutigung, bitte!
oder: Gedanken zur Kunst des Förderns

In Finnland bezeichnet man Lehrer als *kansankynttillä*, »Kerzen des Volkes«: Sie beleuchten Entwicklungswege – und sie wärmen dabei. Nicht übel, vor allem verglichen mit dem, was man der Zunft hierzulande zumutet: Stunden, ja Tage muss sie vielfach damit verbringen, Schulprogramme zu entwerfen, die kurze Zeit später bereits überholt sind; Evaluationsbögen zu bearbeiten, deren Auswertung wenig Greifbares hergibt; Förderpläne zu verschriftlichen, die niemand liest. Wie wenig Zeit bleibt dagegen, über einzelne Schüler nachzudenken – Paula mit ihrem wackligen Gefühl in Mathe, Paul mit seiner Abneigung gegen alles Sprachliche, Pauline mit ihrem generellen Selbstzweifel in puncto Lernen! Man könnte meinen, Pädagogik sei eine Material- und Systemfrage – und nicht Entwicklungsarbeit mit Menschen! Gut, man kennt irgendwelche Motivationsgrundregeln – dass die Schüler soziale Einbindung, persönliches Beteiligtsein, Kompetenzerleben brauchen. Aber wie weit hilft einem das? De facto heißt es doch ganz schnell »der kann einfach nicht mehr« oder »bei der Familie ist das eben so«. Verständliche Selbstentlastungen, eigentlich aber ein Rückgriff auf überholte Begabungstheorien – und letztlich eine deprimierende Devise. Denn Kinder merken sofort, wenn man ihnen wenig zutraut – das lähmt oder verstört sie, und dann stören sie eben selbst.

Alltag

Dass Schüler sich nur selten zum Besseren entwickeln, dass ihre Leistungskurve mit der Zeit eher abfällt, vor allem in der Pubertät, dabei handelt es sich indes nicht um ein Naturgesetz. Nur ist eben höchst bescheiden, was viele Schulen bislang an pädagogischer Entwicklungshilfe zu bieten haben. Vielerorts ist alleine das Grundklima des Lernens nicht sonderlich ermutigend – viel feine Kritik liegt da in der Luft, mancherlei subkutane Beschämung. Auch sind die Förderinstrumente, sofern überhaupt vorhanden, in der Regel zu stumpf oder zu bürokratisch: vielleicht einige gutgemeinte Ermunterungen, ein paar ergänzende Trainingsblätter, womöglich ein Test zur Feststellung des individuellen Lerntyps. Aber dann ist man auch schon ganz schnell beim Wink mit schlechten Noten, oder man setzt auf Selbstheilungskräfte – und überlässt den Patienten damit seinem angeblichen Begabungsschicksal. Ein bisschen Motivation also, kaum Diagnostik, ansonsten die Andeutung von Sanktion, zur Not Optimierung der Selektion.

Hinter solch' bescheidener Förderpraxis steckt eine in unseren Breiten übliche statische Sicht vom Lernen: Der Mensch bekommt einige Talente mit auf den Weg – und wenn er sie nicht pflegt, hat er eben Pech gehabt. Die neurowissenschaftlich gestützte dynamische Sicht der Intelligenz – der man in Japan übrigens schon seit langem folgt – besagt dagegen: Gelernt wird vom ersten Lebenstag an, grundsätzlich gerne und unweigerlich – aber alle Lernerfahrungen werden ständig interpretiert. Lernen ist deshalb nicht nur eine Frage der Gene, sondern auch eine Sache der Gefühle – und das eben nicht erst in der Schule. »Klugheit« oder »Dummheit« sind nicht einfach gegeben, sie entwickeln sich vielmehr, durch die emotionalen

> »Die wichtigste Aufgabe eines Erziehers – man kann fast sagen, seine heiligste Pflicht – besteht darin, Sorge zu tragen, dass kein Kind in der Schule entmutigt wird ...

Umstände, unter denen gelernt wurde. So gesehen sind Konzentrationsschwächen, Verständnisschwierigkeiten und Faulheit weder eine Frage des freien Willens noch unveränderliche Persönlichkeitsmerkmale, sondern Ausdruck eines biografisch geronnenen Selbstbildes.

Eigentlich wäre Lernen doch gar nicht so eine Sache: Man müsste sich den Stoff nur genau anschauen, dem Lehrer aufmerksam zuhören, Mitschülern etwas nachmachen, eine Fertigkeit üben, irgendwelche Fragen klären. Aber so einfach funktioniert es selten: Der eine denkt vor allem daran, dass er auf keinen Fall Fehler machen darf. Beim anderen löst jede noch so harmlose Begegnung mit Zahlen das Gefühl »Mathe kann ich sowieso nicht« aus. Ein weiterer folgt der inneren Devise »Ich mach's lieber auf eigene Faust« – was manchmal gelingt, häufig aber daneben geht. Sein Nachbar dagegen hört eigentlich gar nicht richtig zu – er sinnt ständig auf neue Jokes, sonst würde man ihn doch übersehen. Und sein Vordermann ist vor allem damit beschäftigt, sich grundsätzlich und ständig benachteiligt zu fühlen.

Alfred Adlers Individualpsychologie, ein früher Brückenschlag zwischen Tiefenpsychologie und Pädagogik, liefert feinsinnige Hinweise, wie man solchen Schablonen des Scheiterns differenziert entgegenwirken kann. Eine  zentrale Rolle spielt dabei die Ermutigung, ein primärer Lern-Wirkstoff, quasi das Vitamin E alles Pädagogischen! Das klingt zunächst fast banal, alleine die Anwendung hat ihre Tücken, ist hohe Kunst. Ermutigung ist nicht nur das Gegenstück von entwertender Kritik, sondern auch von schwächender Verwöhnung – und bedeutet weitaus mehr als Freundlichkeit. Zudem handelt es sich auch um etwas anderes als um das nur punktuelle, ergebnisabhängige, hierarchische Loben. Am treffendsten ist wohl das Bild des guten Coachs beim Sport: Er tut alles, um seinem Schützling Erfolg zu ermöglichen, um dessen Furcht vor Misserfolg zu zerstreuen.

... und dass ein Kind, das bereits entmutigt in die Schule eintritt, durch seine Schule und durch seinen Lehrer Vertrauen in sich selbst gewinnt.«

(Alfred Adler, 1930)

Coach zu sein, das ist indes weit mehr, als ab und zu einen Tipp zu geben. Coaching umfasst die weite Palette von Kontakt, Zutrauen, Echo, Fürsorge, Anerkennung, Wertschätzung, aber auch von Anspruch, Herausforderung und konstruktiver Kritik. Ermutigung bedeutet ein Klima der Fehlerfreundlichkeit, auch der guten Laune, der sozialen Einbindung. Ermutigung besteht weniger in perfektionierten Arbeitsblättern als in dichter personaler Präsenz, ist letztlich gelebter Entwicklungsoptimismus des Lehrers – dass er sich nämlich sicher ist, dass Intelligenz in jedem Falle etwas Dynamisches ist, und dass er diese Entwicklung ebenso heiter wie hartnäckig einfordert. »Es kommt nicht so sehr darauf an, was einer mitbringt, sondern was er daraus macht«, mit dieser Devise stand Adler vor 100 Jahren weitgehend allein – heute wäre sie eine conditio sine qua non.

Übrigens ist auch die beliebte Lehrmethode Erklären nicht zwangsläufig ermutigend. So anregend eine lebendige Schilderung des Deutschlehrers sein kann, so lähmend können weitschweifige Begründungen von Mathelehrern wirken. Schüler brauchen durchaus mündliche Erklärungen, diese sollten aber minimalistisch sein und zum Vorwissen passen – und möglichst nicht mit Kritik verbunden sein. Wer kennt das nicht von sich selbst: Man fühlt sich schnell belehrt, es wird vielleicht auch an einem vorbei geredet, man kann gar nicht richtig hinhören. Statt Schülern ellenlange oder gar kritisierende Erklärungen zu geben, bringt es oft mehr, sie selbst anderen etwas erklären zu lassen. Deshalb ist die Arbeit mit vorgegebenen Musterlösungen so anregend, während entdeckendes Lernen schnell entmutigen kann – wenn man nämlich nichts herausfindet.

Umgekehrt haben Noten keineswegs die entmutigende Wirkung, die Kritiker ihnen gerne zuschreiben. Schüler wollen zu Recht – und »ohne großes Blabla« – ab und zu wissen, wie sie ihren Lernstand einschätzen sollen, bezüglich ihrer Lerngruppe wie auch der Lehrpläne – und zwar von kompetenter Seite, nicht als Selbsteinschätzung. Selbst die umstrittenen Kopfnoten werden kaum als Demütigung empfunden, sondern in der Regel – bei aller Begrenztheit der Aussage – als wichtiger Spiegel und Anreiz. Allerdings stellen Ziffernnoten nur eine Grundinformation dar – mindestens ebenso wichtig sind mündliche wie schriftliche Würdigungen des Lernbemühens – wenn es denn stattfand.

Apropos Fehlerfreundlichkeit: Dass man mit Mathe umso besser zurecht kommt, je lieber man sich mit Fehlern beschäftigt, klingt erst einmal überraschend. Tatsächlich lässt sich aber aus Irrtümern oft mehr lernen als aus richtigen Ergebnissen.
Deshalb wären Tintenkiller für's Verstehen eigentlich verzichtbar, viel sinnvoller sind Farbstifte, zum Markieren der Fehler! Bei guten Lehrern ist der Satz »Das ist aber ein schöner Fehler!« keine Ironie, sondern der ermutigende Hinweis auf verborgenes Weiterführendes. Bei solchen Lehrern erstirbt auch das Schülerlachen über Fehler wie

> *»Ihr Lehrer seid absolut unfähig, den Zustand der Unwissenheit zu verstehen, in dem eure schlechten Schüler schmoren, da ihr selbst gute Schüler wart, zumindest in dem Fach, das ihr unterrichtet.«*
> (Daniel Pennac, 2009)

von selbst – die Klasse wird quasi angesteckt von seiner Lust an der Fehleranalyse. Fehlerfreundlichkeit heißt nicht, das Falsche richtig zu finden oder unwidersprochen gelten zu lassen – sondern Fehlern forschende Aufmerksamkeit zu schenken (kognitive Empathie).

Lehrer müssten sich geradezu in einem Dauermodus der Ermutigung befinden, das brächte mehr Lernerfolg und weniger Störungen als alle Methodenkirmes. Das unterstreicht auch der französische Lehrer *Daniel Pennac*. Selbst zunächst in der Schule gescheitert, ist er später zum ebenso einfühlsamen wie entschiedenen Praktiker gereift. In seinem essayistischen Dialog »Schulkummer« lässt er die Seele des schwierigen Schulkindes sprechen. Eindringlich führt Pennac seiner Zunft vor Augen, dass es nicht ausreicht, Experte des Wissens zu sein – man müsse auch Fachmann für den Zustand des Unwissens werden. Dann erst könne man den Spagat schaffen, die emotionale Perspektive der Schüler einzubeziehen, ohne ihren Entmutigungen und Ausflüchten Recht zu geben.

Solch' ebenso einfühlsame wie selbstbewusste Pädagogik hebt sich natürlich ab vom schablonenhaften Herumhantieren mit irgendwelchen Lerntypen. Gewiss haben Schüler zu einem bestimmten Zeitpunkt unterschiedliche Vorlieben, mit einem Problem umzugehen:

Um einen Weg zu beschreiben, fertigt der eine spontan eine Skizze an, der andere greift lieber zu Stichworten. Das rechtfertigt aber keine Schubladisierung in dem Sinne, dass der eine nur visuell, der andere ausschließlich auf verbalem Wege arbeiten könne. Der eine hatte eben noch zu wenig Gelegenheit, das Anfertigen von Plänen zu lernen, während der andere noch nicht so geübt ist, Orientierungsangaben in Worte zu fassen. Aussagen über Lerntypen sind höchstens Momentaufnahmen; worauf es aber ankäme, wäre, das Repertoire an Problemlösungsstrategien auszuweiten. Denn manchmal braucht man ein Bild, weil es mehr sagt als 1.000 Worte; in anderen Fällen aber ist ein prägnanter Sachtext aussagekräftiger als ein ganzer Film. Etiketten wie »visueller Typ« belassen Schüler nur in bisheriger Schmalspurigkeit.

Kür

Die Filigranarbeit des normalen Unterrichts, die vielen Beziehungsfäden individueller Förderung – da hat man schon alle Hände voll zu tun. Aber da sind auch noch die schwierigen Fälle: Faule oder widerspenstige Schüler, die stärker sind als unsere besten Absichten, weil sie nicht ohne weiteres zu knacken sind – obwohl sie es wert wären, weil sie, trotz großen

Potenzials, in eine falsche Spur gerieten, vielleicht nur zu früh aufgegeben wurden. Dazu müssen sie allerdings auf Lehrer stoßen, die sie interessant finden statt lästig, die einen solchen Fall als Krönung ihrer Arbeit ansehen – und nicht als Sargnagel. Und die über den richtigen Durchblick verfügen, anstatt zum Spielball zu werden. Ich sage absichtlich »Durchblick«, weil der Begriff »ver*stehen*« so irritierend kontaminiert ist – er klingt nach stehen*bleiben* und verleitet zu Entlastung; dabei würde es ja darum gehen, verunglückte Kinder zum *Auf*-Stehen anzuregen, nachdem man ihr inneres Hemmnis wohlwollend durchschaut hat.

Nehmen wir Martin, Gymnasiast, 10. Klasse (Name geändert, Fall authentisch): Ein lauter, kräftiger Bursche, der mit seinen Witzen jedem Lehrer problemlos die Schau stahl. Nur seine Leistungskurve ging seit langem in den Keller: schon zweimal eine Versetzung nur mit Nachprüfung geschafft, ein Schuljahr wiederholt, nun zum Halbjahr

> *»Der schlechte Schüler betrachtet sich nie als jemand, der nichts weiß, sondern hält sich für blöd, deshalb will er von eurem Wissen sehr bald nichts mehr wissen.«*
> (Daniel Pennac, 2009)

5 Fünfen. Lehrer wie Eltern waren mit ihrem Latein am Ende, nun sollte er die Schule ver-

lassen – was ihn aber nur mit den Schultern zucken ließ.

Kleinere Störungen parieren souveräne Lehrer mit breiter Palette: scheinbares Überhören, humorvolles Überspielen, gelassenes Beharren – oder auch demonstratives Distanzieren. In hartnäckigeren Fällen aber kennt die disziplinarische Hausapotheke oft nur dreierlei Medizin: schlechte Noten, ein paar Sozialstunden, Schulwechsel. Also mahnende Eindringlichkeit, dann einschüchternde Grenzsetzung, zur Not auch Abschiebung. Aber oft erreicht man mutlose Schüler mit solchen Sanktionen nicht mehr – sie erleben die Prozedur als Machtkampf, bei dem sie nicht unterliegen wollen. Auch externe Tests sind selten hilfreich, sie liefern ja nur Momentaufnahmen, dokumentieren lediglich das Resultat durchlaufener Lernirrwege. Und dann ist man ganz schnell bei wenig tiefgründigen, eher stammtischnahen Deutungen des schulischen Scheiterns – »Da steckt man nicht drin!« oder »Da machste nix!« oder »Der war aber immer schon komisch!«.

Man kann schulisches Störverhalten auch treffender interpretieren – und käme damit einer Auflösung näher: als clevere, in der Familie erworbene Strategie entmutigter Kinder, ihr Minderwertigkeitsgefühl auszugleichen. Wer sich nämlich dumm stellt, der mag sich innerlich aufgegeben haben – er hat aber vielleicht auch zu Hause erlebt, dass dann die Anforderungen an ihn ermäßigt wurden. Wer gerne den Unterricht stört, hat sich vermutlich darauf verlegt, auf diese Weise leichter Aufmerksamkeit zu finden. Wer ständig mit dem Lehrer kämpft, erhofft sich davon womöglich ein Gefühl der Überlegenheit. Störrische Begriffsstutzigkeit, renitente Faulheit, lästiges Stören, aber auch passive Unauffälligkeit sind Ausdruck einer mit den Jahren verfestigten Entmutigung, getarnt durch ein die Selbstzweifel kompensierendes Ersatzverhalten. Zwar starten Kleinkinder mit ursprünglicher Entdeckerfreude ins Leben – aber dann kommt eine stark konkurrenzhaltige Geschwistersituation dazwischen, eine frühe lange Krankheit, ein überehrgeiziger oder verwöhnender Erziehungsstil. Und schon kann sich Lernunlust breit machen, kommt es zu Ausweichverhalten, wird die immense Plastizität des neuronalen Apparates zu einem gehemmten, unflexiblen Verarbeitungsmodus.

Auch Martins Großspurigkeit war nur Fassade – sie verdeckte das äußerst geringe Selbstzutrauen eines lange verhätschelten Einzelkindes bildungsunsicherer Eltern. Ihm war durchaus an Anerkennung gelegen – aber die schien ihm mit Jux und Verweigerung schneller erreichbar als mit der üblichen Lernmaloche.

Schwierige Kinder sind nicht grundsätzlich anders – und oft keineswegs unbegabt –, sie verfolgen »nur« irritierte Ziele – aber das ziemlich beharrlich, weil automatisiert: Sie ringen nervös um Aufmerksamkeit, sie wollen dem Lehrer das Ruder entreißen, sie möchten sich für vermeintliche Benachteiligung rächen oder Unfähigkeit demonstrieren. Reagieren Lehrer dann noch ärgerlich oder auch ängstlich, wird daraus schnell ein Teufelskreis. Wer aber die kompensatorische Dynamik durchschaut und solche Nebenkriegsschauplätze umgeht, wer verschüttete Potenziale von Kindern ausfindig macht und sie beharrlich ermutigt, kann schwierige Schüler nachhaltig verändern.

> »Lehrer sollen niemals mit Kindern kämpfen, nur untersuchen und nachdenken, und die Fehler im Aufbau des Lebensstils aufdecken.«
> (Alfred Adler, 1929)

Martins Ausweichverhalten wurde in der Schulberatung behutsam aufgedeckt, dann wurde dem Jungen eine Rund-um-die-Uhr-Lernbetreuung auf den Charakter geschneidert – inklusive begleitender Gespräche. Die Eltern gaben seinen Klagen über die Mühen des Lernens nicht länger Recht, die Lehrer parierten seinen Jux nun mit Coolness – und etwaige Versäumnisse mit Nacharbeit. Es vollzog sich eine Art Wunder: Mit der ihm eigenen unbändigen Energie begann der große Junge plötzlich zu arbeiten, Tag um Tag, monatelang. Nach einiger Zeit konnte die Betreuung reduziert werden, beim Abitur stand sein neuer Berufswunsch (ursprünglich: Pilot) fest: Förderlehrer für schwierige Jugendliche. Eine Bildungswende, die man vielen wünschen möchte!

Perspektivenwechsel und Menschenkenntnis sind wichtige Schlüssel zu effektiver Störungsdiagnostik und -intervention: Hinter Verhaltensauffälligkeiten erkennt der individualpsychologische Blick fehlgeleitetes Geltungsstreben, Lernblockaden führt er auf einen falschen Lernstil, ein irritiertes Selbstbild, verfestigte Mutlosigkeit zurück. Wer einer negativen Bildungskarriere eine Wende geben möchte, sollte deshalb den kausalen Blick (Was hat ein Kind an Entmutigung erlebt?) um eine finale Interpretation ergänzen (Welches Ziel hat es sich dabei gesetzt?). Erst dann versteht man junge Menschen richtig (»An seiner Stelle hätte ich auch so gehandelt!«), erst dann kann man ihnen wirksam aus ihrer

> »Unter meinen Patienten, Kindern wie Erwachsenen, habe ich bisher niemanden gefunden, dem man seine irrigen Mechanismen nicht hätte erklären können.«
> (Alfred Adler, 1927)

unverschuldeten Patsche heraushelfen. Man knüpft an ihren positiven Seiten an, entwickelt mit ihnen neue Ziele, stützt sie bei unvermeidlichen Schwierigkeiten. Das wäre individuelle Förderung auf höchstem Niveau – weitab von den Niederungen bürokratischer Förderrituale und der Detailversessenheit fachlicher Kompetenzraster.

Schwierigen Schülern hilft weder Beschuldigen noch Beschämen noch Strafen – aber auch nicht verschämtes Wegsehen, verfrühte Selbstüberlassung oder unablässige Rederei. Kinder sind es heute gewohnt (und sie sind dessen mehr als überdrüssig), dass Erwachsene viele Worte machen – und wenig von ihnen erwarten. Dabei wollen junge Menschen gerne etwas leisten, sie wollen gerne sozial sein. Aber sie müssen einen gangbaren Weg dafür sehen – und oft finden sie den nicht ohne das

> *»Der schwierige Schüler braucht nicht eure Empathie, sondern ihr müsst ihm beibringen, wie man sich zusammennimmt.«*
> (Daniel Pennac, 2009)

interessierte Auge, die kundige Einfühlung, die optimistische Empfehlung, die leitende und haltende Hand eines Erwachsenen.

Allerdings braucht auch das Bemühen um den Einzelnen Augenmaß. Gewiss kann sich jedes Kind jederzeit weiter entwickeln – dennoch lässt sich nicht jedes zu einem Einstein machen. Insbesondere unerfahrene Hilfskräfte könnten zum Wundfördern neigen. Immer mehr Input des Lehrers führt keineswegs zu unbegrenztem Output beim Schüler, sondern kann auch jugendliche Apathie hervorrufen (weil die Erwachsenen überaktiv sind) oder in ein Versagersyndrom münden (weil die Anforderungen nie aufhören). Deshalb kann individuelle Förderung auch durchaus darin bestehen, zu Klassenwiederholung oder Schulformwechsel zu raten – wenn ein Kind nämlich in allzu großen Rückstand geraten ist oder sich auf einem anderen Anforderungsniveau besser entwickeln kann.

5. Lehrer sind auch nur Menschen!
oder: Die Brisanz der Zwischentöne

So gerne man auch mit jungen Menschen zu tun hat – manche Unterrichtsstunde verläuft doch recht frustrierend, für beide Seiten, Lehrer wie Schüler. Warum eigentlich? Weil die Klassen zu groß sind, aufgrund defekter Medien, wegen der ewigen Notenfeilscherei? Eine bislang zu wenig beachtete Antwort: Weil die Akteure sich häufig im Feinen verfehlen! Dass Schüler keine Brötchen sind und Lehrer keine Backautomaten, ist ja im Grunde eine Binsenweisheit. Umso erstaunlicher, wie viel Beachtung man der technokratischen Seite des Unterrichts schenkt (Arbeitsblätter, Methoden, Evaluation) – und wie wenig Augenmerk das Klassenzimmer als »Beziehungskiste« findet. Dabei ist jede Unterrichtsstunde ein hochkomplexes Geschehen zwischen vielen verschiedenen, bedürfnisgetriebenen menschlichen Wesen – eine geradezu halbchaotische Situation (*Allan Guggenbühl*). Da ist eine Horde von Schülern, die Lernerfolg und soziale Anerkennung suchen, unter ihresgleichen wie von Seiten der Erwachsenen, mit unterschiedlichsten, erworbenen Lernhaltungen und unbewussten Selbstbildern. Und da sind einzelne Lehrer, die ebenfalls inneren Bildern vom Lernen und von Menschen folgen, die auch – was normal ist – Lehrerfolg haben möchten, die bisweilen sogar – was riskant und unprofessionell ist – die Anerkennung der Kinder suchen.

> »Jeder Lehrer trägt zwischen seinen Arbeitsblättern private, oft unbewusste Motive in den Klassenraum.«
> (Matthias Schmitz, 2005)

Sich vor Augen zu führen, welch' hochkomplexen sozialen Resonanzraum ein Klassenzimmer darstellt, mag zunächst belastend erscheinen, ist aber de facto befreiend: Eine plus dreißig subjektive Welten treffen aufeinander, nehmen einander durch individuelle Brillen wahr – dann ist ja klar, dass man sich hin und wieder verfehlt! Eine solch' multiple emotionale Gemengelage provoziert zwangsläufig ständig kleinere oder größere Reibungen. Fein 'raus wäre, wer sich die Zeit nähme, seinen Blick für dieses Arsenal menschlicher Regungen zu schärfen. Dann ließe sich manches lernförderlich wenden, was sonst spontan als Störung oder gar Blockade erschiene – und worauf man entsprechend falsch reagiert hätte.

Bei der Rückgabe einer Klassenarbeit etwa teile ich die Fünfen betont rücksichtsvoll aus, ich schmeiße sie den »schlechten« Schülern nicht mehr wie früher an den Kopf, ich vermeide abschätzige Blicke. Aber ich habe auch noch andere Gefühle, die sich in feinstem Mienenspiel ausdrücken – was von den Schülern in Millisekunden wahrgenommen und womöglich missverstanden wird. Wenn ich Ali mit seinen ständigen Fehlschlägen insgeheim bedauere, wirkt das auf diesen vielleicht wie ein Aufgeben; wenn ich Petras lautstarke Ausraster innerlich fürchte, wertet diese das womöglich als Desinteresse; wenn ich Charlotte tröstend zulächle, mag diese das als Schadenfreude ansehen. Und falls ich bei einem Störenfried wie Gregor so etwas wie Genugtuung empfinde, könnte dieser den Punkteentzug nicht

> »Wird die Angst des Lehrers vor Liebesentzug in Abrede gestellt, wird sie ihn wie eine Marionette führen.«
> (Matthias Schmitz, 2005)

als sachliche Konsequenz, sondern als Intrige interpretieren. Gutgemeintes Lehrerhandeln ist eben von unterschwelligen Lehrergefühlen begleitet – und hat deshalb eine breite Palette an Schülerreaktionen zur Folge.

Umgekehrt ist die Lage ähnlich tückisch: Auch Schüleräußerungen induzieren beim Lehrer schnell persönlich gefärbte Fehldeutungen und entsprechend unangemessene Reaktionen – falls er kein Profi in Sachen Emotionen ist, falls er zu wenig Resonanzbewusstsein hat. Wenn ich Peter eine Frage stelle und dieser daraufhin den Blick senkt, kann das sowohl eine Provokation wie auch eine Demutsgeste sein – und ich wiederum mag es spontan falsch oder richtig verbuchen. Wenn Lydia sich über ein mit viel Mühe erstelltes Arbeitsblatt aufregt, kann ich das als Ausdruck von Entmutigung ansehen – und ihr einen ermutigenden Tipp geben. Ich könnte aber auch in berechtigten Ansprüchen wankend werden – oder mich gekränkt fühlen und beschämend zurückschlagen.

Die Gefühle des Lehrers beim Unterrichten sind es, die maßgeblich darüber entscheiden, ob Unterricht störungsarm verläuft oder nicht, ob Förderung gelingt oder nicht. Sie bilden aber in Ausbildung wie Fachdebatte bislang eine Art berufliche Grauzone*. Deshalb ist vielen Lehrern auch nicht klar, wann es ihnen an Führungsstärke und Einfühlungsvermögen mangelt, was sie entmutigend auf Kinder wirken lässt, warum sie die Lern- und Verhaltensstörungen ihrer Schüler nicht verstehen. Auch bei bester Planung birgt jede Unterrichtsstunde eine Fülle von Unwägbarkeiten. Und es ist meine unbewusste, biographisch geprägte Privatlogik, von der abhängt, ob ich dort Provokation oder Verunsicherung erlebe, ob ich bei Konflikten zurückweiche oder sie angehe, ob ich bei Machtfragen harmonisiere oder zuspitze, ob ich mich bei Kämpfen unterordne oder gewinnen möchte. Mein Ärger, meine Überempfindlichkeit, meine Verständnislosigkeit, meine verwöhnende oder pseudopartnerschaftliche Haltung – all' dies ist meine persönliche Art und Weise, mich zu behaupten, eigenem Scheitern entgegenzuwirken und drohender Kränkung auszuweichen, meine emotionale Bilanz positiv zu halten. Man ahnt, wie souverän Lehrer sein könnten, die sich und ihr Unbewusstes besser kennen – und wie verhängnisvoll es ist, dass die Lehrerausbildung in dieser Richtung so wenig zu bieten hat.

> *»Ich habe ein Lehramtsstudium absolviert und unterrichtet, deshalb weiß ich zufällig, dass man am Ende eines solchen Studiums von Pädagogik auch keine Ahnung hat, man muss sich das leider selber beibringen.«*
> (Harald Martenstein, 2011)

Schüler haben es schwer genug, sie wirken oft wie ein Spielball ihrer Größenphantasien oder ihres Ohnmachtsgehabes. Wenn ihnen dann noch ein Lehrer gegenüber tritt, der sein Machtstreben oder seine Harmoniewünsche nicht kennt, geschweige denn im Griff hat, wird die Lage nur schwieriger. Und solche Pädagogen stehen ja nicht nur den Schülern im Weg, sondern auch sich selbst, ihrem eigenen Berufserfolg, ihrer Zufriedenheit. Allerdings ist die Lage nicht ausweglos – denn blinde Flecken und paradoxe Reaktionen des Lehrers lassen sich schrittweise bewusst machen. Dazu braucht es nicht 'mal eine Therapie – und schon gar kein Destabilisierungswochenende (»Wie man in drei Tagen sein Gesicht verliert«) – man könnte sich einfach mit Kollegen zusammentun und eine selbstbestimmte Balintgruppe für Lehrer ins Leben rufen. Lehrer-Coaching-Gruppen nach dem »Freiburger Modell« von *Joachim Bauer* etwa helfen in überschaubarer Zeit, die eigene Beziehungskompetenz auszuweiten.*

6. Weniger ist mehr!
oder: Von Hetze und Begeisterung

Was die Komplexität und Vielfalt der Aufgaben angeht, dürfte der Beruf des Lehrers kaum zu übertreffen sein, sagt Lernforscherin *Elsbeth Stern* – eine Anerkennung, die man aus dem Munde von Schulleitern oder Kultusministern eher selten hört! Auch deshalb erntet die Behörde ja mit ihrem alljährlichen »Dies sollten wir noch« und »Jenes müsste aber ganz anders« vor allem große, zumeist stille Reserviertheit – außer bei denen, die gerade ihre Beförderung planen. Dabei ist keineswegs jede Neuigkeit, jede Mehrarbeit unsinnig; man muss aber auch im Gegenzug an den richtigen Stellen Überdruck ablassen – überflüssige Zöpfe abschneiden, übertriebene Zumutungen zurückweisen.

Gelassenheit

Stichwort Stoffdruck: Bei missratenen Stunden ist oft nicht die falsche Methode das Problem, sondern übertriebene Erwartungen. Lehrbuch, Schullehrplan und Curriculum sitzen dem Lehrer zunehmend im Nacken, noch 24 Aspekte des Themas muss er bis zur Klassenarbeit abhandeln – und dabei bitteschön auch alle 4 mal 4 Kompetenzfelder streifen. Wo soll da Zeit sein für verweilende Sorgfalt, für nicht abgewürgte Debatten, für eine Anekdote, womöglich noch für Humor? Der Eigensinnige fackelt nicht lange: War es nicht so, dass 96 % des behandelten Schulstoffs ohnehin wieder vergessen werden? Was ein schlechtes Argument gegen die Wissensvermittlung als solche ist, taugt durchaus als sinnvolles Plädoyer für ein exemplarisches Vorgehen: Nicht haufenweise Einzelheiten ansammeln, sondern mehr anspruchsvollen Tiefgang bei Wesentlichem.

> »Wo liegt denn dieses Mallorca?«
> »Das *weiß* ich nicht. Wir sind hingeflogen.«
> (nach Martin Wagenschein, 1958)

Dass man im ersten Schuljahr nicht jeden zweiten Buchstaben weglassen kann, versteht sich von selbst; bei der Gymnasialmathematik aber wäre manch' komplizierte Variante verzichtbar. Gerade in Zeiten flinker Tastenklicks und schöner Oberflächen wäre Gründlichkeit doch *die* Gegenwelt für die driftende Jugend – eben Bildung! Damit wären Spezialbeispiele keineswegs aus der Welt – man hat sie für Interessierte in petto, belastet damit aber nicht die Gesamtgruppe.

Beim verbreiteten Stoffgalopp bleibt ja nicht nur die inhaltliche Auseinandersetzung oberflächlich, auch die Beziehungsebene leidet. Denn wenn Schüler spüren, dass einen das Durchkommen durch den Stoff mehr interessiert als ihr Vorankommen, steigt die Streikgefahr: Dann sind sie weniger bereit, sich auch an warmen Tagen anzustrengen, auch ein langweiliges Thema zu ertragen, auch Kritik zu akzeptieren. Stofffülle und Methodentaumel haben dem Schulwesen vielerorts eine »Herzlichkeitskrise« (*Rainer Dollase*) beschert – dagegen hilft auch mehr »gute Laune des Schulmannes« (*Philipp Julius Lieberkühn*): Humor, persönliche Einflechtungen zum Thema, ruhig auch tagespolitische Abschweifungen.

Ehrenrunde

Allerdings taugt der bekannte Design-Slogan »Weniger ist mehr« keineswegs als schulische Generalformel. Etwa beim Üben: Zweifellos führt ein Mehr an Training zu stabileren Kompetenzen als weniger. Und das soll beim Thema Sitzenbleiben, der Wiederholung eines Schuljahres aufgrund eklatanter Leistungsrückstände, plötzlich nicht mehr gelten? Vielleicht erhofft man sich ja millionenschwere Einsparungen – jedenfalls wird bei diesem Problem auch in sogenannten Qualitätsmedien kräftig auf die Mitleidsdrüse gedrückt.

Dabei ist es höchst fraglich, ob wir ohne die

Möglichkeit der Nichtversetzung wirklich weniger Risikoschüler und mehr Spitzenleistungen hätten – die bisherige Gesamtschulpraxis spricht jedenfalls nicht dafür. Gerade in der Pubertät ist die Furcht vor der »Ehrenrunde« *eine* wichtige Motivation, sich auch mit schwierigem oder lästigem Stoff zu beschäftigen. Bekanntlich hat man in diesem Alter jede Menge Schulfernes im Kopf, da verlieren viele Lernthemen einfach ihren Reiz – mögen die Hochglanzprospekte der Schulen noch so von Lernfreude, Förderung und Enrichment schwärmen. Gewiss, in der Vergangenheit erfolgte manche Nichtversetzung zu schematisch – aber warum das Kind jetzt mit dem Bade ausschütten? Ich kenne jedenfalls viele Schüler, denen ein zweiter Durchlauf – oder eine Nachprüfung nach bitteren Sommerferienkursen – gut getan hat.

> »Das mit der Nachprüfung, also das war für mich das erste Mal, dass ich mich für die Schule überhaupt angestrengt hab' – und das dann zu schaffen, war echt irre.«
> (Oliver, 15, 2010)

Wem es primär um das Entwicklungswohl der Schüler geht, der darf eben nicht schablonenhaft vorgehen, sondern muss individuell ansetzen – und dafür auch investieren: mehr Schülersprechstunden, Stützkurse in den Kernfächern, bessere Sprachförderung, gelegentliche Binnendifferenzierung des Unterrichts, intensivere Elternarbeit – und im Einzelfall eben auch die Möglichkeit zur Repetition eines Schuljahres, gerade angesichts der G8-Beschleunigung.

Qualitätsanalyse

Gelassene Skepsis wäre auch in Bezug auf die Schulhierarchie anzuraten – etwa wenn die Qualitätsprüfer anrücken. In vielen Kollegien bricht ja helle Panik aus, wenn die Schulinspektion naht, zu einigen Tagen Schulvisite, mit Einsicht in alle Akten und Klassenzimmer. Plötzlich fühlen sich viele Lehrer wie brave Schüler – und zeigen sich von ihrer vermeintlich besten Seite: Sie präsentieren Schaustunden, unter deren Aufwand jeder Schulalltag zusammenbräche; sie wählen lehrerarme Arbeitsformen, die sie innerlich missbilligen, die aber Gnade bei den Visitatoren versprechen. Potemkinscher Unterricht eben – aber hat man das eigentlich nötig?

> »Habt ihr euch auch schon auf den Weg gemacht?«
> »Ach, weißt du, wir sind schon auf dem Rückweg.«
> (kollegialer Dialog, 2009)

Dabei kommen die Inspektoren oft zu merkwürdigen Befunden. So attestierten sie einem Gymnasium bei Düsseldorf* zwar gute Leistungsergebnisse, aber falsche Methoden – und zuwenig Bürokratie! Könnte solche Paradoxie nicht ein wenig erleichtern? Zumal die Schule ja nur als Ganzes begutachtet wird: Keiner der Lehrer wird einzeln genannt oder beurteilt, die Bilanz zeigt nur Durchschnittswerte, im schlimmsten Fall werden dem Kollegium einige Fortbildungstage

> »Ein gemeinsames Verständnis für die Bedeutung und die Struktur schulinterner Curricula auf der Basis von kompetenzorientierten Lehrplänen ist noch nicht umfassend entwickelt.«
> (aus einem Schulinspektionsbericht 2009)

aufgebrummt. Zudem entstammen die Kriterien der Inspektoren ja keineswegs göttlicher Offenbarung, sondern einem laufenden, noch offenen, je nach Bundesland selektiv gewerteten Forschungsprozess. Irgendwann müssen sich die Hattie-Befunde ja 'mal herumgesprochen haben. Warum zeigt der unkündbare Beamte nicht ganz eigensinnig, was er nach 20 oder 30 Dienstjahren für bewährt hält? Sonst müsste ihn ja eine gehörige Portion Beschämung befallen, wenn er anschließend im Geschichtsunterricht das Thema »Widerstand in der Diktatur« behandelt …

Elternschule

Entlastung ist auch im Verhältnis von Schule und Familie angesagt. Lehrer können nicht übernehmen, was ureigenste Aufgabe der Eltern ist – aber sie sollten ihnen eben diese Obliegenheit selbstbewusst vor Augen führen. Die Generationsanalyse von *Michael Winterhoff* besagte ja, dass Kinder heute zu wenig Reife in der Familie entwickeln – und dann sind sie natürlich auch nur begrenzt lernfähig. Zudem hat PISA etwas höchst Bedenkenswertes zutage gefördert, über das nur sehr laut geschwiegen wird*: Deutschlands Eltern nehmen sich weltweit am wenigsten Zeit, mit ihren Kindern über das Lernen zu sprechen: sich für Neuigkeiten zu interessieren, nach Fortschritten zu erkundigen, bei Problemen beizuspringen. In der elterlichen Haltung zum Lernen liegt ein mindestens ebenso wichtiger Schlüssel für Schulerfolg und Bildungsgerechtigkeit wie in der Anzahl der elterlichen Buchregale.

Illustration gefällig? Zur Einschulung bekommen I-Dötzchen neuerdings nicht nur eine Schultüte, mehr und mehr Eltern schalten auch kleine bunte Anzeigen in der Tagespresse. Im September 2010 waren das im Kölner Stadt-Anzeiger immerhin 118 »Grüße zum Schulbeginn«, auf 6 ganzen Seiten! Und was wünschte man so? Zunächst alles Gute, viel Erfolg, nette

Freunde oder Lehrer; sodann viel Glück (für Lernerfolg wirklich relevant?) und vor allem: viel Spaß (Enttäuschung garantiert!). Nur bei zwei Gratulanten klang an, dass es auch trübe Tage beim Lernen geben werde. Und lediglich ein Großelternpaar – aus den östlichen Bundesländern – wagte die Botschaft: Übe immer fleißig! Tja, dann wundert einen nichts mehr! An die älteren Schulkinder richtete sich übrigens ein Werbeprospekt eines lokalen Kaufhauses. Abbildungen trendig bunter Schulutensilien waren garniert mit Slogans wie »Schule – zieh'n wir locker durch!« oder »Köpfchen haben wir sowieso!« oder auch »Ich nehm' alles ganz easy!«

> »Pass gut auf,
> und benimm dich!«
> (morgendlicher Elternrat,
> um 1960)

Man redet viel von Erziehungspartnerschaft zwischen Schule und Familie – aber dies funktioniert nur, wenn jeder seinen Part auch ausfüllt, und ihn nicht dem anderen zuschiebt. Schulen müssten ihrer Elternschaft klarmachen, dass Mütter und Väter vorrangig dazu da sind, ihrem Kind anregende Geborgenheit zu bieten. Und dass sie in Sachen Lernen am besten durch Zweierlei helfen: Indem sie allem Schulischen viel Aufmerksamkeit und Interesse schenken; und indem sie eine bejahende

Haltung dazu einnehmen, dass Schule fordert und belastet. Gute Schulen tun noch mehr: Sie unterstützen Eltern in der verbreiteten Erziehungsunsicherheit: indem sie regelmäßig pädagogische Rundbriefe verschicken, indem sie großzügiger als üblich Elternsprechzeit anbieten, indem sie Patenmodelle für die schwierigen Pubertätsjahre schaffen, indem sie regelmäßige Elternkurse organisieren. Solch' qualifizierte Elternarbeit hat bei den Schülern enorme Lerneffekte.

> *»Tschüss, und viel Spaß!«*
> (morgendlicher Elternwunsch, um 2010)

Schulprogramm

Und dann ist da noch die Sache mit den Schulprogrammen. Schon mancher hat in einer solchen Kommission gesessen und innerlich geflucht – weil mit enormem Zeitaufwand und faulen Kompromissen allerlei pädagogische Selbstverständlichkeiten zu Papier gebracht wurden! Den Leitern dieser Gremien brachte das vielleicht eine Beförderung ein, ansonsten war es die vielen dafür gefällten Bäume kaum wert. Denn wenn man es einmal genau nimmt, brauchen Lehrer überhaupt kein Schulprogramm – sie unterliegen doch schon einer wohldurchdachten Dienstordnung sowie zahlreichen ausführlichen Richtlinien und Lehrplänen! Auch Eltern benötigen kein Schulprogramm – sie haben in Beruf und Familie wahrlich genug zu tun. Schülern hingegen kann es wirklich nicht schaden, wenn sie früh und klar erfahren, worum es in der Schule geht – sonst fühlen sie sich schnell im falschen Film. Aber dafür reichen eigentlich wenige Zeilen – und ein schönes Stück Bildungsgerechtigkeit wäre garantiert!

Ehrliches Schulprogramm

Das ist deine Schule.

Hier kannst du entdecken, welche Kräfte in dir stecken, und wie interessant die Welt ist.

Deshalb wird bei uns kräftig gearbeitet. Also: Nicht jammern, sondern zupacken!

Prüfe alles sorgfältig – und setze dir stets hohe Ziele.

Fehler gehören übrigens zum Lernen. Aber alle helfen einander gerne.

Nimm' ernst, was die Lehrer sagen – sie wollen dein Bestes.

Dann kannst du unheimlich viel aus dir machen.

Dann 'mal los ...

Ist ja ganz nett, mögen Sie im Rückblick denken – aber soll das jetzt die Neuerfindung des Rades sein? Die richtigen Vorbilder, eine entmystifizierte Methodik, ein professionellerer Umgang mit Emotionen im Klassenraum? Nun, die Frage ist, ob das Rad überhaupt neu erfunden werden muss. Geht es in Sachen Pädagogik nicht vielmehr darum, sich vor Augen zu führen, dass Räder vor allem eines sein müssen, wenn sie gut funktionieren sollen: nämlich rund und nicht zu schwer, und am besten leichtgängig gelagert? Insofern brauchen wir die Schule keineswegs neu zu denken, wie *Hartmut von Hentig* einst titelte. Erst recht wäre jede reformaktionistische »Tyrannei des Augenblicks« verhängnisvoll. Fortschritt in Bildungsdingen, das ist weniger eine Frage der großen Entwürfe, als vielmehr der liebevollen, sachgerechten und mühsamen Arbeit am Detail – und dazu zählt auch die Korrektur der modischen Verirrungen von gestern. Eigentlich ist die Sache gar nicht so kompliziert: Die Schulpädagogik gehört von antipädagogischer Patina gereinigt, von konstruktivistischer Trübung befreit – und um psychologischen Feinblick bereichert.

So weit die gute Botschaft: Der Lehrer *kann* vieles selbst verbessern. Gewiss hat diese Nachricht auch eine fordernde Seite: Er *muss* es selbst in die Hand nehmen – sonst bleiben die Dinge so mittelmäßig und ärgerlich, wie sie sind. Aber das ist eben der Vorzug des Eigensinnigen: Er wartet nicht lange auf andere; er versucht selbst, sein Glück zu schmieden. Das heißt keineswegs, der Lehrerschaft den Schwarzen Peter zuzuschieben. Natürlich gibt es auch Institutionen, an die Forderungen zu stellen wären. Die Lehreraus- und -weiterbildung gehört praxisnaher gestaltet, die individuelle Förderung an den Schulen benötigt bessere personelle Ressourcen, die vorschulische Sprachförderung muss weiter intensiviert werden. Auf diesen Feldern werden und müssen andere kämpfen. Aber will man sich davon abhängig machen?

Die Schule als Kasernenhof, das ist für die meisten nur noch eine Erinnerung aus grauer Vorzeit; das Klassenzimmer als Selbstlernarena dagegen, da sind wir selbst Zeitzeugen – wie nämlich große Euphorie allmählich in Ernüchterung umschlägt. Die *Hattie*-Studie hat es noch einmal unterstrichen: Wirkungsmächtig sind vor allem personale Faktoren – und nicht strukturelle Größen. Dieses Buch ist deshalb ein doppeltes Plädoyer: für die gleichzeitige

Rehabilitierung wie auch Psychologisierung des Pädagogischen. Es scheint an der Zeit, den Lehrer in einem geläuterten Licht zu sehen, ganz un-verschämt, als kundigen Anführer in Sachen Lernen, als eine Art Dirigent – etwa so, wie ein Zeitgenosse das Wirken Johann Sebastian Bachs beschrieb:

»[...] wenn Du ihn sähest, wie er auf alle Stimmen zugleich achtet und von dreißig oder gar vierzig Musizierenden diesen durch ein Kopfnicken, den nächsten durch Aufstampfen mit dem Fuß, den dritten mit drohendem Finger zu Rhythmus und Takt anhält, dem einen in hoher, dem andern in tiefer, dem dritten in mittlerer Lage seinen Ton angibt; wie er ganz allein mitten im lautesten Spiel der Musiker doch sofort merkt, wenn irgendwo etwas nicht stimmt; wie er alle zusammenhält und überall abhilft und, wenn es irgendwo schwankt, die Sicherheit wiederherstellt; wie er den Takt in allen Gliedern fühlt, die Harmonie aller mit scharfem Ohre prüft [...]«

Ließe sich das Prinzip »effiziente Klassenführung« packender illustrieren? Lehrer sind doch mehr als Arbeitsblattverteiler oder Lernprozessbegleiter – es sind Menschenbildner! Gleich morgen könnte man also schon aufrechter, optimistischer und beziehungshaltiger unterrichten – das wäre ins Nützliche gewendete Empörung, das wäre konstruktiver Eigensinn, das wäre Einsatz für pädagogische Artenvielfalt. »Seid selbstbewusster!« und »Werdet zugewandter, zutrauender, zumutender!«, so möchte man der Zunft ermunternd zurufen, vor allem aber: »Bleibt skeptisch!« – denn es wird noch manches Bildungsgerede zu hören geben.

***

Sie stimmen meinen Überlegungen zu? Oder finden sie fragwürdig? Gönnen Sie mir ein Echo!

www.eltern-lehrer-fragen.de

Dort finden Sie auch Belege und Literaturverweise zu diesem Text.

Verschiedene Aspekte dieses Textes hat der Autor bereits ausführlicher behandelt: